适合14至15岁

JINGDIAN ZHONG MANBU

3

上海教育出版社
SHANGHAI EDUCATIONAL
PUBLISHING HOUSE

经典中漫步

主编 徐名印

亲爱的同学，当你打开这本书时，你就开启了一段惬意的旅程。从相遇、相知，到相伴前行，淡淡的书香将一直萦绕在你身边。

在初中语文教材里，你会读到许多名篇佳作，你将会沉浸在充满智慧、有温度的文字世界中，语文素养自然会得到提升。面对神秘奇幻的自然、日新月异的世界、渐趋丰盈的人生，每册教材中的二十几篇课文，恐怕很难再满足你的阅读需求，你的阅读理应更广泛、更自由、更专业。如何让课内外读物有机融合成滋养你成长的沃土？如何让点滴的阅读收获汇聚成助推你遨游书海的动力？我们汇聚全国各地的名师，在研读教材的基础上精选文章，设计帮你实现高效阅读、自主学习的平台和支架……

于是，便有了摆在你面前的这本书。

这本书分为经典诵读、单元学习、整本书阅读三个板块。

第一个板块是“经典诵读”，所选古诗词历久弥新。针对诗词中可能会给你造成阅读障碍的生字难词，我们加注了读音和注释，且辅以专业诵读音频供你赏听以及鉴赏资料供你查阅。希望你能利用每天的晨读或其他课余时间反复诵读，持之以恒，假以时日，定能厚积薄发。

第二个板块是“单元学习”，我们精心挑选了一组与课文主题相关的文章，组合成一个阅读单元，让你在学习课文的基础上拓展阅读更多佳作；针对教材中的每个写作主题，我们也选取了相应的文章（含片段）组成单元，为你的写作指引方向或触发灵感。其中“范文阅读”“组文阅读”“自由阅读”和“类文阅读”四个小标签可提示你采用不同的方式进行阅读。选文之外还附有单元导语、旁批、学习提示、单元学习任务等助读工具，为你的自主阅读提供助力。

带有“范文阅读”标签的文章最贴近教读课文的学习要点，你可以在学过教读课文后，参看这些范文中的旁批和文后的学习提示进行阅读，习得课内所学。

带有“组文阅读”标签的文章都与教读课文主题相关，帮助你在多篇文章的比较阅读中拓宽视野、发展思维、形成能力。阅读时，你可以参看文后的单元学习任务，运用阅读所得解决实际问题，提升语言文字的实际运用能力。

带有“自由阅读”标签的文章与自读课文相关联，你可以根据自己的需要、兴趣自主选择阅读，多读、少读、深读、浅读皆可，如能养成边读边做批注的习惯，你会邂逅更多精彩与惊喜。

带有“类文阅读”标签的是一组与单元写作要求相匹配的文章。这组文章的首篇附有旁批，配合单元写作重点为你的写作实践提供技巧点拨。

第三个板块是“整本书阅读”，推荐书目多为《义务教育语文课程标准（2011版）》中建议初中生阅读的名著。我们设计了“阅读导航”“精彩选篇”“阅读规划”“交流平台”等助读工具，若能激发你的阅读兴趣，为你提供科学的方法指导，助你养成主动阅读整本书的习惯，我们将由衷地感到欣慰。

愿这本书能陪伴着你在阅读的黄金时期，与经典交流，与大师对话，帮助你积累知识，开阔视野，丰富心灵，培育精神，做睿智、优雅的人！

顾之川

经典诵读

第一单元　读行之思

范文阅读

组文阅读

第二单元　革故鼎新

范文阅读

组文阅读

第三单元　别出机杼

自由阅读

第四单元　求学新解

自由阅读

第五单元　论证要合理

类文阅读

第六单元　水浒侠义

范文阅读

组文阅读

第七单元　儒林夜话

范文阅读

组文阅读

第八单元　三国风云

自由阅读

第九单元　红楼梦呓

自由阅读

第十单元　学习改写

类文阅读

整本书阅读

经典诵读

在经典中浸润，在诗海中徜徉，让心灵开始一次雅韵悠长的旅程。从《诗经》到宋词，从田园到边塞，从婉约到豪放，从现实主义到浪漫主义……那些作品，或率真质朴，或清幽缠绵，或慷慨刚健，或隽永蕴藉，寄托了中华儿女的家国情怀，传承着博大精深的中华文明。

有了诗词的濡染，我们的学习自当渐入佳境；有了经典的浸润，我们的生活定会异彩纷呈。

扫码收听朗诵音频

1. 拟行路难（其六）[①]

⊙〔南朝宋〕鲍照

对案[②]不能食，拔剑击柱长叹息。

丈夫生世会几时，安能蹀躞[③]垂羽翼！

弃置罢官去，还家自休息。

朝出与亲辞，暮还在亲侧。

弄[④]儿床前戏，看妇机中织。

自古圣贤尽贫贱，何况我辈孤[⑤]且直！

赏析

这首诗抒发了诗人怀才不遇，不甘屈居人下的愤慨之情，并表达了对闲居自在生活的向往。魏晋以后隐逸之风盛行，许多诗人在诗中表现出高蹈绝尘的情趣，情闲辞淡。可是本诗的风格颇具特色，与众不同，即使是描写还家休息的诗句，也由于对现实的强烈不满而带有明显的不平之气，嗅不出那种逍遥林下、物我两忘的气息。全诗起调疾惊促挺，中间纡徐舒缓，结尾又激荡峭直，一波三折，层层展现出诗人面对现实环境欲争无力、欲从不甘的心态。

---

① 鲍照创作的《拟行路难》为乐府组诗，共十八首，此为第六首。

② 案：一种放食品的小几（jī）。

③ 蹀躞（dié xiè）：小步行走的样子。

④ 弄：逗。

⑤ 孤：这里指出身寒微，与世族贵胄（zhòu）相对。

扫码收听朗诵音频

2. 入若耶溪①

⊙〔南朝梁〕王籍

艅艎②何泛泛，空水共悠悠。
阴霞生远岫③，阳景④逐回流。
蝉噪林逾⑤静，鸟鸣山更幽。
此地动归念，长年悲倦游。

赏析

若耶溪在若耶山下，景色秀丽。本篇是王籍任湘东王参军时游若耶溪而作。开头两句写诗人乘小船入溪游玩，用一“何”字写出满怀的喜悦之情，用“悠悠”一词写出“空水”寥远之态，极有情致。第三句写远眺所见，诗人用一“生”字写云霞，赋予其动态。第四句写近观之景，用一“逐”字写阳光，仿佛阳光有意地追逐着清澈曲折的溪流。这两句把无生命的云霞和阳光写得有知有情，诗意盎然。五、六句用以动显静的手法来渲染山林的幽静，“蝉噪”“鸟鸣”使笼罩着若耶山林的寂静显得更为深沉。最后两句写诗人面对林泉美景，不禁厌倦宦游，产生归隐之意。全诗因景启情而抒怀，文辞清婉，音律谐美，创造出一种幽静恬淡的艺术境界。

---

① 若耶溪：在今浙江省绍兴市南若耶山下。

② 艅艎（yú huáng）：舟名。

③ 岫（xiù）：山峦。

④ 阳景：日影。景，通“影”。

⑤ 逾：通“愈”，更加。

扫码收听朗诵音频

3. 在狱咏蝉

⊙〔唐〕骆宾王

西陆[1]蝉声唱，南冠[2]客思深[3]。
那堪[4]玄鬓影[5]，来对白头吟[6]。
露重飞难进，风多响易沉。
无人信高洁，谁为表予心。

这首五言律诗咏物抒怀，通过咏蝉，抒写了诗人无罪被诬，身陷囹圄的忧郁、愤懑、哀怨之情。诗中深蕴着诗人在坎坷人生中体会到的生命的沉重、艰难、孤独以及洁身守志的情怀，也表达了昭雪沉冤的愿望。此诗头两句写听蝉鸣产生思乡之情。三、四两句表示当权者辜负自己的报国之心。五、六两句通过写蝉“露重”“风多”的困难境遇，比喻自己政治上的失意和言论受压制。最后两句感叹没人能理解自己高尚的情操。全诗感情充沛，比喻恰当，语多双关，表达了诗人的愤怒之情。

---

① 西陆：指秋天。

② 南冠：指囚犯。

③ 深：一作“侵”。

④ 那堪：即“哪堪”，怎能忍受得了。一作“不堪”。

⑤ 玄鬓影：本指黑色的鬓发，这里指蝉的翅膀。

⑥ 白头吟：古乐府曲名，曲调哀怨。

4. 佳　人

⊙〔唐〕杜甫

绝代有佳人，幽居在空谷。自云良家子，零落依草木。
关中昔丧乱，兄弟遭杀戮。官高何足论，不得收骨肉。
世情恶衰歇，万事随转烛[①]。夫婿轻薄儿，新人美如玉。
合昏[②]尚知时，鸳鸯不独宿。但见新人笑，那闻旧人哭。
在山泉水清，出山泉水浊。侍婢卖珠回，牵萝补茅屋。
摘花不插发，采柏动盈掬[③]。天寒翠袖薄，日暮倚修竹[④]。

赏析

这首诗作于乾元二年（759）秋季，安史之乱发生后的第五年。在此之前，杜甫弃官漂泊到秦州，路上偶遇一贵族女子，虽家道中衰被遗弃，但仍坚守独立自主的人格，本诗就是诗人借这位女子而抒发自己心志之作。杜甫对大唐朝廷竭忠尽力，丹心耿耿，最后却落得弃官漂泊的窘境，可即便是在关山难越、饥寒交迫的情况下，他仍始终不忘关注国家的命运。这样的不平际遇，这样的高风亮节，和诗中女主人公有相通之处。因此，本诗既反映了客观存在的社会问题，又体现了诗人的主观寄托。诗中人物悲惨的命运与高尚的情操形成了强烈的对照，既让人同情，又令人敬佩。诗人用“赋”的手法描写佳人悲苦的生活，同时用“比喻”赞美了她高洁的品格。

---

① 转烛：比喻世事变幻莫测如风中之烛。

② 合昏：植物名，即合欢。

③ 盈掬：满捧，满把。

④ 修竹：长竹，此有坚守气节挺立不屈之意。

扫码收听朗诵音频

5. 十七日[①]观潮

⊙〔宋〕陈师道

漫漫[②]平沙走白虹，瑶台[③]失手玉杯空。
晴天摇动清江底，晚日[④]浮沉[⑤]急浪中。

这首诗写在钱塘江观潮所看到的景象，作者从潮的涌来、波浪的形成、天空的倒影等几个方面，描写了钱塘江潮的壮丽景象。诗的前两句用比喻的修辞手法写潮涌的壮观，后两句写出了潮满时的瑰丽景象。四句诗既有特写，又有联系，展现了观潮的全过程，表达了作者对大自然雄伟奇观的赞叹。

---

① 十七日：农历八月十七。每年农历八月十七、十八是钱塘江潮水最大、最为壮观的日子。

② 漫漫：广阔无边的样子。

③ 瑶台：传说中天上神仙居住的地方。

④ 晚日：即落日。

⑤ 浮沉：形容波浪动荡非常厉害，上下翻腾的样子。

扫码收听朗诵音频

6. 一剪梅・舟过吴江

⊙〔宋〕蒋捷

一片春愁待酒浇。江上舟摇，楼上帘招。秋娘渡与泰娘桥[1]。风又飘飘，雨又萧萧。

何日归家洗客袍？银字笙[2]调，心字香[3]烧。流光容易把人抛。红了樱桃，绿了芭蕉。

这首词写作者乘船漂泊途中倦游思归的心情。词题“舟过吴江”表明，他当时正乘船经过濒临太湖东岸的吴江县（今江苏省苏州市吴江区）。首句“一片春愁待酒浇”，揭示了“春愁”这个主题，并点出了时序。接下来五句用跳动的白描笔墨，具体描绘了舟过吴江的情景。一个“摇”字，刻画出作者的动荡漂泊之感。“秋娘渡”与“泰娘桥”都是用唐代著名歌女的名字命名的，恰恰透出了作者触景生情，急欲思归和闺中人团聚的心情。

上片以白描写景，景中带情。下片正面写情，情中有景。下片前三句想象归家后的温暖生活，表现了作者思归的急切。倦游思归，是作者的“春愁”的第一层含意。与此相关联，还有第二层含意，那就是对年华流逝的感叹。这集中体现在本词的最后三句。句中舍弃了陈旧的套语，采用了拟人而又形象的语句突出时光流逝之快。特别是作者还创造性地利用樱桃和芭蕉这两种植物的颜色变化，更具体地显示出时光飞逝的特点，把看不见的时光流逝转化为动态的可以捉摸的形象。

① 秋娘渡、泰娘桥：都是吴江一带的地名。

② 银字笙：古笙的一种，笙管上标有表示音调高低的银字。

③ 心字香：做成“心”字形的香。

扫码收听朗诵音频

7. 江城子

⊙〔宋〕秦观

西城杨柳弄春柔[①]，动离忧[②]，泪难收。犹记多情曾为系归舟。碧野朱桥[③]当日事，人不见，水空流。

韶华[④]不为少年留，恨悠悠，几时休？飞絮落花时候一登楼。便做春江都是泪，流不尽，许多愁。

赏析

此词写贬谪凄哀之情。上片以忆昔为主，贬谪情怀间或出之。“犹记”两句写词人对往事的回忆、留恋。“碧野朱桥当日事，人不见，水空流”，由昔到今，一唱三叹。下片集中叙写词人被贬离京的感伤情怀。“韶华”一句，感慨好景不长，世事反复难测。而“恨悠悠，几时休”，一个问句的着意安排，道出了词人的怨恨之深。最后三句以夸张之喻义，突出了词人的迁谪伤感之情。

这首词除了句式上的特色外，用字亦十分讲究，如上片的“柔”“忧”“收”，下片的“留”“悠”“愁”等多具有收敛性，很少重笔，读来含蓄、委婉，使整句乃至整首词具有一种婉曲深沉的特点。

① 弄春柔：形容柳枝在春风中飘舞。

② 离忧：别离相思之忧。

③ 碧野朱桥：往昔游乐之地。朱桥，金明池内有仙桥，皆朱漆栏杆。

④ 韶华：青春年华。

扫码收听朗诵音频

8. 青玉案

⊙〔宋〕贺铸

凌波[1]不过横塘路，但目送、芳尘去。锦瑟华年谁与度？月桥花院，琐窗朱户，只有春知处。

碧云[2]冉冉蘅皋[3]暮，彩笔新题断肠句。试问闲情[4]都几许？一川烟草，满城风絮，梅子黄时雨。

赏析

全词有浓烈的离愁别绪，手捧细品，令人不忍释卷。词人刻画少女之美，只用“凌波”“芳尘”，就把这位少女秀丽的体态表现得栩栩如生，令人怜爱。又用“月桥花院”“琐窗朱户”这些想象中外人不可得知的深闺秘居之所，刻画少女不但外貌美丽，而且内心更美，而这种美只有“春”才能知道，也只有词人才能透彻理解，词人的悲凉沉痛之情洋溢其间。下片承上写景，写词人一片痴情。词人一直呆立在那里，直到天色已晚，暮霭渐生，穷愁不尽。词人感情迸流，忽发一问：“试问闲愁都几许？”“闲愁”二字，蕴含词人的一片苦心。接着词人巧扣当时的季节风物，连举三喻：草、絮、雨，有声、有色、有节奏、有韵律，形象地描绘了其心中的“闲愁”。这三种事物的选择恰到好处，满地的青草、满城的柳絮、满天的梅雨，使读者心领神会，仿佛触摸可得，难怪词人自称“彩笔新题”，他也因此词而得名“贺梅子”。

---

① 凌波：形容女子轻盈的步伐。

② 碧云：一作“飞云”。

③ 蘅皋：生长着杜蘅的水边高地。

④ 闲情：一作“闲愁”。

读行之思

思考对于任何一个人都极为重要，因此，古今中外流传着许多至理名言。“我思故我在”，哲学家笛卡儿将思考作为存在的依据；“一个能思考的人，才真正是一个力量无边的人”，大文豪巴尔扎克强调思考为人类赋能；“学而不思则罔”，至圣先师孔子则将其视为学习的关键……学会思考才会有独立的判断能力，思考有助于我们成为一个健全的人。从某种意义上来说，人的价值就在于有思想。本单元所选议论性文章，或针砭时弊，阐释公理正义；或激发青年的思考，表达对新生代的认可。

阅读本单元文章，要注意联系文章的时代背景，把握作者的观点，掌握论证方法，可以联系实际进行质疑探究。期待本单元的文章能够给你的思想以启迪。

1.“友邦惊诧”论

⊙鲁　迅

只要略有知觉的人就都知道：这回学生的请愿，是因为日本占据了辽吉，南京政府束手无策，单会去哀求国联，而国联却正和日本是一伙。读书呀，读书呀，不错，学生是应该读书的，但一面也要大人老爷们不至于葬送土地，这才能够安心读书。报上不是说过，东北大学逃散，冯庸大学逃散，日本兵看见学生模样的就枪毙吗？放下书包来请愿，真是已经可怜之至。不道国民党政府却在十二月十八日通电各地军政当局文里，又加上他们“捣毁机关，阻断交通，殴伤中委，拦劫汽车，攒击路人及公务人员，私逮刑讯，社会秩序，悉被破坏”的罪名，而且指出结果，说是“友邦人士，莫名惊诧，长此以往，

此处引用国民党电文，引出反动论点论据，为下文批驳树立靶子。

国将不国”了！

此处重读“好”字。

好个“友邦人士”！日本帝国主义的兵队强占了辽吉，炮轰机关，他们不惊诧；阻断铁路，追炸客车，捕禁官吏，枪毙人民，他们不惊诧。中国国民党治下的连年内战，空前水灾，卖儿救穷，砍头示众，秘密杀戮，电刑逼供，他们也不惊诧。在学生的请愿中有一点纷扰，他们就惊诧了！

三个“不惊诧”和一个“惊诧了”，说明了所谓“友邦人士”是日本帝国主义的同伙，是国民党政府的后台，是中国人民的死敌。

好个国民党政府的“友邦人士”！是些什么东西！

这句话的意思是坏透了的友邦人士。

即使所举的罪状是真的罢，但这些事情，是无论哪一个“友邦”也都有的，他们的维持他们的“秩序”的监狱，就撕掉了他们的“文明”的面具。摆什么“惊诧”的臭脸孔呢？

“秩序”指帝国主义国家的残酷统治。“文明”指帝国主义国家野蛮的阶级压迫。

可是“友邦人士”一惊诧，我们的国府就怕了，“长此以往，国将不国”了。好像失了东三省，党国倒愈像一个国，失了东三省谁也不响，党国倒愈像一个国，失了东三省只有几个学生上几篇“呈文”，党国倒愈像一个国，可以博得“友邦人士”的夸奖，永远“国”下去一样。

几句电文，说得明白极了：怎样的党国，

怎样的“友邦”。“友邦”要我们人民身受宰割，寂然无声，略有“越轨”，便加屠戮；党国是要我们遵从这“友邦人士”的希望，否则，他就要“通电各地军政当局”，“即予紧急处置，不得于事后借口无法劝阻，敷衍塞责”了！

因为“友邦人士”是知道的：日兵“无法劝阻”，学生们怎会“无法劝阻”？每月一千八百万的军费，四百万的政费，作什么用的呀，“军政当局”呀？

写此文后刚一天，就见二十一日《申报》登载南京专电云：“考试院部员张以宽，盛传前日为学生架去重伤。兹据张自述，当时因车夫误会，为群众引至中大，旋出校回寓，并无受伤之事。至行政院某秘书被拉到中大，亦当时出来，更无失踪之事。”而“教育消息”栏内，又记本埠一小部分学校赴京请愿学生死伤的确数，则云：“中公死二人，伤三十人，复旦伤二人，复旦附中伤十人，东亚失踪一人（系女性），上中失踪一人，伤三人，文生氏死一人，伤五人……”可见学生并未如国府通电所说，将“社会秩序，破坏无余”，而国府则不但依然能够镇压，而且依然能够

引用《申报》消息，“以子之矛，攻子之盾”，证明敌论据的不实。

照应前文和标题。

诬陷，杀戮。“友邦人士”，从此可以不必“惊诧莫名”，只请放心来瓜分就是了。

一九三一年

学习提示

本文是一篇驳论文。作者是怎样抓住敌论的要害，紧扣文章中心层层驳斥的？在批驳中，又是怎样运用强烈而鲜明的对比手法，运用排比、反复的句式，以及传神的语气，把敌论驳得体无完肤的？阅读时要注意把握驳论文的特点，理清文章的论证思路，品味鲁迅文章语言的强烈讽刺意味。

2. 论青年

⊙朱自清

冯友兰先生在《新事论·赞中华》篇里第一次指出现在一般人对于青年的估价超过老年之上。这扼要地说明了我们的时代。这是青年时代，而这时代该从“五四运动”开始。从那时起，青年人才抬起了头，发现了自己，不再仅仅地做祖父母的孙子，父母的儿子，社会的小孩子。他们发现了自己，发现了自己的群，发现了自己和自己的群的力量。他们跟传统斗争，跟社会斗争，不断地在争取自己领导权甚至社会领导权，要名副其实地做新中国的主人。但是，像一切时代一切社会一样，中国的领导权掌握在老年人和中年人的手里，特别是中年人的手里。于是乎来了青年的反抗，在学校里反抗师长，在社会

青年自“五四运动”开始觉醒，发现了自我的价值。

上反抗统治者。他们反抗传统和纪律，用怠工，有时也用梃击。中年统治者记得“五四”以前青年的沉静，觉着现在青年爱捣乱，惹麻烦，第一步打算压制下去。可是不成。于是乎敷衍下去。敷衍到了难以收拾的地步，来了集体训练，开出新局面，可是还得等着瞧呢。

青年反抗传统，反抗社会，自古已然，只是一向他们低头受压，使不出大力气，见得沉静罢了。家庭里父代和子代闹别扭是常见的，正是压制与反抗的征象。政治上也有老少两代的斗争，汉朝的贾谊到“戊戌六君子”，例子并不少。中年人总是在统治的地位，老年人势力足以影响他们的地位时，就是老年时代，青年人势力足以影响他们的地位时，就是青年时代。老年和青年的势力互为消长，中年人却总是在位，因此无所谓中年时代。老年人的衰朽，是过去，青年人还幼稚，是将来，占有现在的只是中年人。他们一面得安慰老年人，培植青年人，一面也在讥笑前者，烦厌后者。安慰还是顺的，培植却常是逆的，所以更难。培植是凭中年人的学识经验做标准，大致要养成有为有守爱人爱物的中国人。青年却恨这种切近的典型的标准妨碍他们飞跃的理想。他们不甘心在理想还未疲倦的时候就被压进典型里去，所以总是挣扎着，在憧憬那海阔天空的境界。中年人不能了解青年人为什么总爱旁逸斜出不走正路，说是时代病。其实这倒是成德达材的大路；压迫着，挣扎着，材德的达成就在这两种力的平衡里。这两种力永恒地一步步平衡着，自古已然，不过现在更其表面化罢了。

中年人培养青年人常常是以自己的人生经验为标准，希望青年人成长为自己所期待的样子。

青年人爱说自己是“天真的”“纯洁的”。但是看看这时代，老练的青年可真不少。老练却只是工于自谋，到了临大事，决大疑，似乎又见得幼稚了。青年要求进步，要求改革，自然很好，他们有的是奋斗的力量。不过大处着眼难，小处下手易，他们的饱满的精力也许终于只用在自己的物质的改革跟进步上；于是骄奢淫逸，无所不为，有利无义，有我无人。中年里原也不缺少这种人，效率却赶不上青年的大。眼光小还可以有一步路，便是做自了汉，得过且过地活下去；或者更

在作者看来，一方面“老练却只是工于自谋，到了临大事，决大疑，似乎又见得幼稚了”，为此，青年人要正视自己，努力学习，弥补不足；另一方面，青年人充满激情，却自负、偏执，因此，青年人要心胸开阔、心态平和、不走极端、踏实奋斗。

本段主要表达了作者对青年的肯定与担忧，青年人那股上进的精神非常值得肯定，但青年人又因为自身的局限，容易以自我为中心，稍不留意就会走上歧途，但只要及时发现并悬崖勒马，也为时不晚。

退一步，遇事消极，马马虎虎对付着，一点不认真。中年人这两种也够多的。可是青年时就染上这些习气，未老先衰，不免更教人毛骨悚然。所幸青年人容易回头，“浪子回头金不换”，不像中年人往往将错就错，一直沉到底里去。

青年人容易脱胎换骨改样子，是真可以自负之处；精力足，岁月长，前路宽，也是真可以自负之处。总之可能多。可能多倚仗就大，所以青年人狂。人说青年时候不狂，什么时候才狂？不错。但是这狂气到时候也得收拾一下，不然会忘其所以的。青年人爱讽刺，冷嘲热骂，一学就成，挥之不去；但是这只足以取快一时，久了也会无聊起来的。青年人骂中年人逃避现实，圆通，不奋斗，妥协，自有他们的道理。不过青年人有时候让现实笼罩住，伸不出头，张不开眼，只模糊地看到面前一段儿路，真是“前不见古人，后不见来者”。这又是小处。若是能够偶然到所谓“世界外之世界”里歇一下脚，也许可以将自己放大些。青年也有时候偏执不回，过去一度以为读书就不能救国就是的。那时蔡孑民先生却指出“读书不忘救国，救国不忘读书”。这不是妥协，而是一种权衡轻重的圆通观。懂得这种圆通，就可以将自己放平些。能够放大自己，放平自己，才有真正的“工作与严肃”，这里就需要奋斗了。

蔡孑民先生不愧人师，青年还是需要人师。用不着满口仁义道德，道貌岸然，也用不着一手摊经，一手握剑，只要认真而亲切地服务，就是人师。但是这些人得组织起来，通力合作。讲情理，可是不敷衍，重诱导，可还归到守法上。不靠婆婆妈妈气去乞怜青年人，不靠甜言蜜语去买好青年人，也不靠刀子手枪去示威青年人。只言行一致后先一致地按着应该做的放胆放手做去。不过基础得打在学校里；学校不妨尽量社会化，青年训练却还是得在学校里。学校好像实验室，可以严格地计划着进行一切；可不是温室，除非让它堕落到那地步。训练该注重集体的，集体训练好，个体也会改样子。人说教师只消传授知识就好，学生做人，该自己磨炼去。但是得先有集体训练，教青年有胆量帮助人，制裁人，然后才可以让他们自己磨炼去。这

蔡孑民，即蔡元培，著名教育家、革命家。冯友兰先生在《我所认识的蔡孑民先生》这篇散文中，主要介绍了蔡元培先生的教育思想和文化贡献，以及蔡元培先生的人格魅力和作者与蔡先生的师生深情。

种集体训练的大任，得教师担当起来。现行的导师制注重个别指导，琐碎而难实践，不如缓办，让大家集中力量到集体训练上。学校以外倒是先有了集中训练，从集中军训起头，跟着来了各种训练班。前者似乎太单纯了，效果和预期差得多，后者好像还差不多。不过训练班至多只是百尺竿头更进一步，培植根基还得在学校里。在青年时代，学校的使命更重大了，中年教师的责任也更重大了，他们得任劳任怨地领导一群群青年人走上那成德达材的大路。

文末点出培养青年的使命主要在学校。

1944 年 6 月 9 日作

学习提示

似乎总有一条代沟横亘于青年与长辈之间。长辈们始终不能理解青年人为什么总爱追求新奇甚至“不走正路”，说这是时代病；当青年人走向中年、老年，又开始对下一代青年指指点点。

青年人总有抗争的天性，在这两种力的平衡中，便是时代与个人的成长之道。结合本文朱自清关于青年成长的观点和自己的生活实际思考：我们应该怎样在长辈们的指导下成长？

1. 我们为什么要阅读?

⊙梁　衡

我们为什么要阅读?

先讲一个真实的故事。周日无事，一个大人带着十多岁的孩子在宿舍大院里散步。看到一个迎亲的车队，一群人围在接新娘的头车前急得团团转。上前一看，一个轮胎瘪了。新娘马上就要下楼，宝马失前蹄，要误大事。正当大人无解时，这个孩子上前说：“没事，你使劲用脚踹它。”司机半信半疑，大家顾不了许多，一顿乱脚。奇迹出现，轮胎渐渐饱满。人们齐问：“这是怎么回事？”孩子慢慢道来：“这款车的车胎被扎后有自充气功能，只要用脚踹踹就行，还可延长行驶很多公里，确保你能开到维修点。”父亲大奇：“你怎么知道？”“家里不是订有关于汽车的杂志吗？没事闲看来的。”这是阅读的作用。阅读让你长知识，让你聪明。

其实，要问我们为什么要阅读，不如先问一下为什么要吃饭。人是由物质和精神组成的，不吃饭不能长身体，会肉体死亡；

不阅读不会有思想，精神要死亡。正如营养不良，会造成身体发育的缺陷：面黄肌瘦、腿细脖长、鸡胸龟背，等等；不读书也会造成精神方面的缺陷，如自私、狭隘、孤独、浮躁、虚荣、骄傲、多疑、胆怯，等等，生活得不阳光、不自信、不幸福。有什么样的阅读，就有什么样的收获。它决定着人的知识、思想、意志、审美、情趣。这是从人自我丰富的一面来说。

如果你不只是为“美食”，又从阅读而进入了创造，比如写作，就更知阅读的重要。熟读唐诗三百首，不会写诗也会“偷”。背得美文二百篇，不会作文也会“搬”。偷什么？从经典中偷来火种，点亮自己。搬什么？搬来救兵，充实自己的文章。偷得仙桃能成仙，搬来救兵也称王。

古人有集句写诗之法，全用别人旧句。那是一种在阅读基础上的积木式训练，常有佳作。作文虽不能全篇集句，但借词、借句、借典、借气、借方法，还是需要的。这一切都要通过阅读来解决。当你超越阅读而进入写作，发表了作品时，别人又开始了对你作品的阅读。人类精神产品的生产就是这样螺旋式前进。

当然，这只是以写作为例。三百六十行，不管干哪一行都得先从阅读入手。因为阅读是启蒙，是积累，是钥匙，是开关。那个十多岁男孩如果对汽车一直阅读研究下去，也许会成为汽车发明家、汽车大王，正如伽利略、达尔文、歌德小时就开始对物理、生物、文学的阅读。

忽然想到一个故事：第二次世界大战期间，美国为克服军营的枯燥冷寂，提高士气，向军队提供了1.2亿本“军供版”图书。战争打赢了，这些图书功劳不小。一个战士，配发枪支、罐头的同时还配发图书，这再次说明，不管在和平年代，还是战争岁月，精神与物质同样不能少。

我们为什么要阅读？为了精神生活，为了健康那一半的生命。

燃糠夜读

南朝齐人顾欢年少时家贫而好学，有一次，他的父亲让他到田间去驱赶麻雀，他却作了一篇《黄雀赋》就回去了，田中的稻穗被麻雀吃掉过半。父亲很生气，要责罚他，看到他所作的赋而作罢。顾欢因为家贫无法上学，经常靠在学舍的墙壁上偷听，把老师所讲默记心中。夜间有时点松枝以映书，有时燃糠夜读。几年后，顾欢学业大有成就，他曾在天台山开馆授徒，受业者经常多达百人。“燃糠夜读”遂与“囊萤映雪”一样，被后世作为刻苦自学之典，用于诗文中。（典见《南史》及《南齐书》本传）。

【典意】形容勤奋好学。

2. 学问之趣味

⊙梁启超

我是个主张趣味主义的人，倘若用化学划分“梁启超”这件东西，把里头所含一种元素名叫“趣味”的抽出来，只怕所剩下仅有个零了。我以为，凡人必常常生活于趣味之中，生活才有价值。若哭丧着脸挨过几十年，那么，生命便成沙漠，要来何用？中国人见面最喜欢用的一句话：“近来做何消遣？”这句话我听着便讨厌。话里的意思，好像生活得不耐烦了，几十年日子没有法子过，勉强找些事情来消他遣他。我觉得天下万事万物都有趣味，我只嫌二十四点钟不能扩充到四十八点，不够我享用。我一年到头不肯歇息，问我忙什么？忙的是我的趣味。我以为，这便是人生最合理的生活，我常常想运动别人也学我这样生活。

凡属趣味，我一概都承认他是好的。但怎么样才算“趣味”，不能不下一个注脚。我说：“凡一件事做下去不会生出和趣味相反的结果的，这件事便可以为趣味的主体。”赌钱趣味吗？

输了怎么样？吃酒趣味吗？病了怎么样？做官趣味吗？没有官做的时候怎么样？……诸如此类，虽然在短时间内像有趣味，结果会闹到俗语说的“没趣一齐来”，所以，我们不能承认他是趣味。凡趣味的性质，总要以趣味始，以趣味终，所以能为趣味之主体者，莫如下列的几项：一、劳作；二、游戏；三、艺术；四、学问。诸君听我这段话，切勿误会，以为我用道德观念来选择趣味。我不问德不德，只问趣不趣。我并不是因为赌钱不道德才排斥赌钱，因为赌钱的本质会闹到没趣，闹到没趣便破坏了我的趣味主义，所以排斥赌钱。我并不是因为学问是道德才提倡学问，因为学问的本质能够以趣味始，以趣味终，最合于我的趣味主义条件，所以提倡学问。

学问的趣味，是怎么一回事呢？这句话我不能回答。凡趣味，总要自己领略，自己未曾领略得到时，旁人没有法子告诉你，佛典说的：“如人饮水，冷暖自知。”你问我这水怎样的冷，我便把所有形容词说尽，也形容不出给你听，除非你亲自喝一口。我这题目——“学问之趣味”，并不是要说学问如何如何的有趣味，只要如何如何便会尝得着学问的趣味。

诸君要尝学问的趣味吗？据我所经历过的有下列几条路应走：

第一，“无所为”（“为”读去声）。趣味主义最重要的条件是“无所为而为”。凡有所为而为的事，都是以另一件事为目的，而以这件事为手段；为达目的起见，勉强用手段，目的达到时，手段便抛却。例如，学生为毕业证书而做学问，著作家为版权而做学问，这种做法，便是以学问为手段，便是有所为。有所为，虽然有时也可以为引起趣味的一种方便，但到趣味真发生时，必定要和“所为者”脱离关系。你问我：“为什么做学问？”我便答道：“不为什么。”再问，我便答道：“为学问而学问。”或者答道：“为我的趣味。”诸君切勿以为我这些话故弄玄虚，人类合理的生活本来如此。小孩子为什么游戏？为游戏而游戏。人为什么生活？为生活而生活。为游戏而游戏，游戏便有趣；为体操分数而游戏，游戏便无趣。

第二，不息。凡人类的本能，只要那部分搁久了不用，他便会麻木，会生锈。十年不跑路，两条腿一定会废了。每天跑一点钟，跑上几个月，一天不得跑时，腿便发痒。人类为理性的动物，“学问欲”原是固有本能之一种，只怕你出了学校，便和学问告辞，把所有经管学问的器官一齐打入冷宫，把学问的胃弄坏了，便山珍海味摆在面前，也不愿意动筷子。诸君啊！诸君倘若现在从事教育事业，或将来想从事教育事业，自然没有问题，很多机会来培养你学问胃口。若是做别的职业呢？我劝你每日除本业正当劳作之外，最少总要腾出一点钟，研究你所嗜好的学问。一点钟哪里不消耗了？千万不要错过，闹成“学问胃弱”的症候，白白自己剥夺了一种人类应享之特权啊！

第三，深入的研究。趣味总是慢慢地来，越引越多，像那吃甘蔗，越往下才越得好处。假如你虽然每天定有一点钟做学问，但不过拿来消遣消遣，不带有研究精神，趣味便引不起来。或者今天研究这样，明天研究那样，趣味还是引不起来。趣味总是藏在深处，你想得着，便要入去。这个门穿一穿，那个窗户张一张，再不会看见“宗庙之美，百官之富”，如何能有趣味？我方才说：“研究你所嗜好的学问。”“嗜好”两个字很要紧。一个人受过相当的教育之后，无论如何，总有一两门学问和自己脾胃相合，而已经懂得大概可以作加工研究之预备的。请你就选定一门作为终身正业（指从事学者生活的人说），或作为本业劳作以外的副业（指从事其他职业的人说）。不怕范围窄，越窄越便于聚精神。不怕问题难，越难越便于鼓勇气。你只要肯一层一层地往里面钻，我保你一定被他引到“欲罢不能”的地步。

第四，找朋友。趣味比方电，越摩擦越出。前两段所说，是靠我本身和学问本身相摩擦，但仍恐怕我本身有时会停摆，发电力便弱了，所以常常要仰赖别人帮助。一个人总要有几位共事的朋友，同时还要有几位共学的朋友。共事的朋友，用来扶持我的职业；共学的朋友和共玩的朋友同一性质，都是用来摩擦我的趣味。这类朋友，能够和我同嗜好一种学问的自然最好，我便和他搭伙研究。即或不然，他有他的嗜好，我有我的嗜好，只要彼此都有研究精神，我和他常常在一块或常常通信，便不知不觉把彼此趣味都摩擦出来了。得着一两位这种朋友，便算人生大幸福之一。我想只要你肯找，断不会找不出来。

我说的这四件事，虽然像是老生常谈，但恐怕大多数人都不曾会这样做。唉！世上人多么可怜啊！有这种不假外求、不会蚀本、不会出毛病的趣味世界，竟自没有几个人肯来享受！古书说的“野人献曝”，我是尝冬天晒太阳的滋味尝得舒服透了，不忍一人独享，特地恭恭敬敬地来告诉诸君。诸君或者会欣然采纳吧？但我还有一句话，太阳虽好，总要诸君亲自去晒，旁人却替你晒不来。

（有删改）

东阁待贤

出自《汉书》。公孙弘年轻时怀才不遇，只当了一个小小的狱吏。他做了宰相后，特意设立客馆，东向开门，招纳各地有才能的人，尤其是有才能的年轻人，让他们为国献计献策，共商国是。他用自己的俸禄供给这些宾客的衣食，以致家无余财，自己平常所吃，只是一份肉和一碗糙米饭。由于公孙弘广开贤路，接纳人才，汉武帝手下人才济济，再加上汉武帝本身的雄才大略，这一时期，成了西汉历史上的鼎盛时期。

【典意】指款待、招纳贤才。

3. 读书人是幸福人

⊙谢 冕

我常想读书人是世间幸福人，因为他除了拥有现实的世界之外，还拥有另一个更为浩瀚也更为丰富的世界。现实的世界是人人都有的，而后一个世界却为读书人所独有。由此我又想，那些失去或不能阅读的人是多么的不幸，他们的丧失是不可补偿的。世间有诸多的不平等，如财富的不平等，权力的不平等，而阅读能力的拥有或丧失却体现为精神的不平等。

一个人的一生，只能经历自己拥有的那一份欣悦，那一份苦难，也许再加上他亲自闻知的那一些关于自身以外的经历和经验。然而，人们通过阅读，却能进入不同时空的诸多他人的世界。这样，具有阅读能力的人，无形间获得了超越有限生命的无限可能性。阅读不仅使他多识了草木虫鱼之名，而且可以上溯远古下及未来，饱览存在的与非存在的奇风异俗。

更为重要的是，读书加惠于人们的不仅是知识的增广，而且还在于精神的感化与陶冶。人们从读书学做人，从那些往哲先贤以及当代才俊的著述中学得他们的人格。人们从《论语》中学得智慧的思考，从《史记》中学得严肃的历史精神，从《正气歌》学得奋斗的执着，从马克思学得人世的激情，从鲁迅学得批判精神，从列夫·托尔斯泰学得道德的执着。歌德的诗句刻写着睿智的人生，拜伦的诗句呼唤着奋斗的热情。一个读书人，是一个有机会拥有超乎个人生命体验的幸运人。

一个人一旦与书本结缘，极大的可能是注定与崇高追求和高尚情趣相联系的人。说“极大的可能”，指的是不排除读书人中也有卑鄙和奸诈者，况且，并非凡书皆好，在流传的书籍中，并非全是劝善之作，也有无价值的甚而起负面效果的。但我们所指读书，总是以其优好品质得以流传一类，这类书对人的影响总是良性的。我之所以常感读书幸福，是从喜爱文学书的亲身感受而发。一旦与此种嗜好结缘，人多半因而向往于崇高一类，对暴力的厌恶和对弱者的同情，使人心灵纯净而富正义感，人往往变得情趣高雅而趋避凡俗。或博爱、或温情、或抗争，大抵总引导人从幼年到成人，一步一步向着人间的美好境界前行。笛卡儿说：“读一本好书，就是和许多高尚的人谈话。”这就是读书使人向善；雨果说：“各种蠢事，在每天阅读好书的影响下，仿佛烤在火上一样渐渐熔化。”这就是读书使人避恶。

所以，我说，读书人是幸福人。

单元学习任务

任务一

梁衡说："我们为什么要阅读？为了精神生活，为了健康那一半的生命。"梁启超在《学问之趣味》的结尾处写道："太阳虽好，总要诸君亲自去晒，旁人却替你晒不来。"请你根据自己的阅读感悟和现实生活中的读书体验，谈一谈对这两句话的理解。

我们为什么要阅读？为了精神生活，为了健康那一半的生命。

——梁衡

我的理解：

太阳虽好，总要诸君亲自去晒，旁人却替你晒不来。

——梁启超

我的理解：

任务二

议论文通过摆事实、讲道理，直接表达作者的观点和主张，阅读时要注意把握作者的观点。请同学们在阅读的过程中，找出作者的观点及运用的论证方法，完成下面的图表。

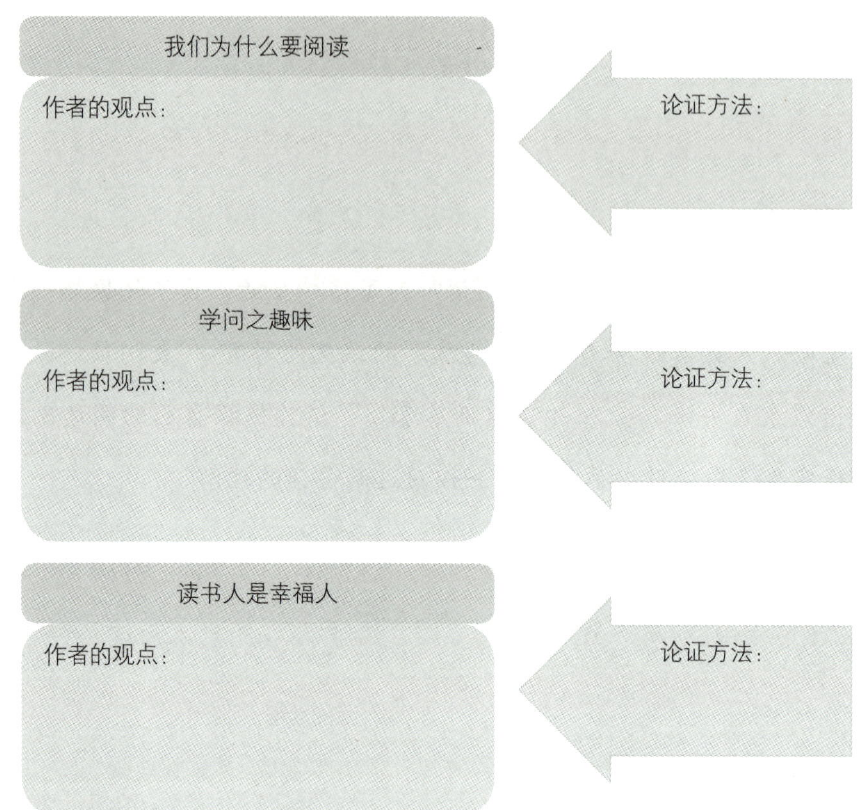

任务三

读了本单元的文章，你对于读书和思考又有了什么新的感悟？请结合当下社会现实，谈谈自己的想法吧。

革故鼎新

创新是一个民族进步的灵魂，是一个国家兴旺发达的不竭动力。正如乔布斯所言："领袖和跟风者的区别就在于创新""你的时间很有限，不要浪费于重复别人的生活"。本单元的文章都是围绕"创新"而选取的。从中你可以了解到，换个角度思考，往往会发现另一条创新之路，可以领略不一样的风景，正所谓"横看成岭侧成峰，远近高低各不同"……

阅读本单元文章，要注意文章论证的思路，用心体会作者的思想和观点，并在学习和生活中有意识地培养自己的创新思维，体会创新的乐趣。

1. 贵在独创

⊙叶永烈

从自己集邮说起，自然引出下文的特殊的集邮爱好者。

我从小喜欢集邮。我看见邮票，就从信封上剪下来，贴到我的集邮本上。据说，像我这样的中国集邮迷，已经多达三亿。

在众多的集邮爱好者之中，北京的刘超是特殊的一位。他不是泛泛地收藏邮票，而是把目光投向邮票上的帽子。比如，“中国古代科学家”邮票中李时珍戴的帽子；“八一”纪念邮票的中国人民解放军海、陆、空军的帽子；关汉卿纪念邮票上关汉卿的帽子；“中国人民志愿军凯旋归国”纪念邮票上志愿军战士的帽子；杜甫纪念邮票上杜甫的帽子；儿童特种邮票那 12 个孩子戴着 12 种不同式样的帽子……他专门收藏这些跟帽子有关的邮票，接着他去查阅资料，去请教历史学家、

举例论证：通过刘超独创的集邮视角这一事例引出作者的观点。

戏剧家、文学家，深入研究帽子，透过邮票这小小的窗口，让人们看到了中国帽子的演变史！他举办了“新中国邮票上的帽子”专题邮展，引起参观者莫大的兴趣。

我所感兴趣的不在于这邮展本身，而在于刘超独创的视角：他展出的邮票，都是普普通通的邮票，然而独具慧眼的他吹响了“帽子”邮票的“集结号”，产生了平中出奇、凡中显异的效果，成为三亿集邮爱好者中唯一的“帽子邮票专家”。他异彩耀人，一举荣获“中华全国邮票展览”银质奖！刘超出奇制胜，给了收藏迷们以深刻的启示，不要忙忙碌碌于收与藏，还要善于思索，善于创新，善于想出不同于众人的新点子。

由刘超的事例得出观点：要善于思索，善于创新，善于想出不同于众人的新点子。

从刘超的“帽子”邮票，我联想起小提琴协奏曲《梁山伯与祝英台》（以下简称《梁祝》）。在中国，会拉小提琴的人不计其数，会哼越剧的人也数不胜数，然而青年作曲家何占豪把越剧跟小提琴结合起来，创一代之新，一炮打响，一举成功。

从刘超到何占豪，过渡自然。

当时，何占豪还只是上海音乐学院小提琴专业的一名学生，还未学过作曲。他从小

举例论证：何占豪把越剧和小提琴结合起来，让《梁祝》蜚声中外乐坛。

在浙江一个越剧团中长大，熟悉越剧。他的思想上没有什么框框，大胆地把越剧与小提琴结合起来，与同学陈钢一起写出了小提琴协奏曲《梁祝》。当时，这在一般的作曲家看来，几乎是不可想象的事！然而，《梁祝》之所以会蜚声中外乐坛，就在于它耳目一新，别具风格。何占豪说："我的创作，大的风格必须是中国的，小的风格必须是我何占豪个人的。"这句话集中地体现了他的独创精神。

举例论证："四大名旦"的成功缘于他们的独创精神。

其实，就京剧来说，"四大名旦"——梅兰芳、程砚秋、荀慧生、尚小云，他们各自成为一大流派，成功的缘由同样是"独创"两个字。在众多的画家中，徐悲鸿的马、黄胄的驴、齐白石的虾、李可染的牛，也是由于富有独创精神，自成一家，独树一帜。

结合自身经历强调，既不重复别人，也不重复自己，是作家的成功之道。

世界上最容易的事情，莫过于踩着别人的脚印走。这种因循守旧的人，就像老是围着碾子打转转一样，永远不能走别人所没有走过的路，创造别人所没有创造的东西。正因为这样，作为作家，我一直把这样的格言奉为创作原则：既不重复别人，也不重复自己。我要努力写出“人人眼中有，个个笔下无”的作品。只有敢于创一代之新，才能跨入成功之门。

哦，独创可贵，贵在创新！

结尾点题，收束全篇。

学习提示

此文是叶永烈先生写的高考同题作文，有人说此文堪称满分作文。理由如下：立意准确，用例新颖，语言流畅。通读全文，作者似乎并没有刻意创新，题目“贵在独创”来自材料，从集邮写起，联想到何占豪《梁祝》和京剧“四大名旦”等，最后落到自己的创作体会。整篇文章论证思路清晰、观点明确。紧紧扣题来写，既是为文之道，也符合考场作文的规律。这篇文章并不以创意与巧思取胜，而是以丰富的内容、缜密的思维、娴熟的笔法、流畅的语言夺魁——而这恰好是当今中学生在写作中应努力的方向。

2. 度一个创造的人生

⊙周国平

如果要用一个词来概括人类精神生活的特征，那么，最合适的便是这个词——创造。

所谓创造，未必是指发明某种新技术，也未必是指从事艺术的创作，这些仅是创造的若干具体形态罢了。创造的含义要深刻得多，范围也要广泛得多。人之区别于动物，就在于人有一个灵魂，灵魂使人不能满足于动物式的生存，而要追求高出于生存的价值，由此展开了人的精神生活。大自然所赋予人的只是生存，因而，人所从事的超出生存以上的活动都是给大自然的安排增添了一点新东西，无不具有创造的性质。这样的活动当然不是肉体（它只要求生存），而是灵魂发动的。正是在创造中，人用行动实现着对真、善、美的追求，把自己

作者认为判断一种活动是否具有创造性的标准是：有无灵魂的真正参与。

内心所珍爱的价值变成可以看见和感觉的对象。

由此可见，决定一种活动是否具有创造性的关键在于有无灵魂的真正参与。一个画匠画了一幅毫无灵感的画，一个学究写了一本人云亦云的书，他们都不是在创造。相反，如果你真正陶醉于一片风景、一首诗、一段乐曲的美，如果你对某个问题形成了你的独特的见解，那么你就是在创造。

作者先提出“决定一种活动是否具有创造性的关键在于有无灵魂的真正参与”的论点，然后分别从正、反两方面进行论证。

许多哲学家都曾强调劳作与创造的区别，前者是非精神性的，后者是精神性的。在这方面，马克思的看法也许仍是最有启发意义的。他认为，人的本性是更喜欢从事自由的创造活动的，因为人在这种活动中能够充分实现自己的能力和价值，从而获得精神上的享受。然而，为了生存，人又必须从事生产活动。因此，我们把我们的时间划分为必要劳动时间和自由时间。一个理想的社会应当把必要劳动时间缩短到最低限度，以便为每个人从事创造活动腾出充足的自由时间。这个道理对于个人也是适用的。一个人只是为谋生或赚钱而从事的活动都属于劳作，而他出于自己的真兴趣和真性情从事的

按作者的观点，如何才能提高一个人的生活质量，提高创造在生活中所占的比重？

活动则属于创造。劳作仅能带来外在的利益，唯创造才能获得心灵的快乐。但外在的利益是一种很实在的诱惑，往往会诱使人们无休止地劳作，竟至于一辈子体会不到创造的乐趣。在我看来，创造在生活中所占的比重，乃是衡量一个人的生活质量的主要标准。

真正的创造是不计较结果的，它是一个人的内在力量自然而然的实现，本身即是享受。有一位夫人曾督促罗曼·罗兰抓紧写作，快出成果，罗曼·罗兰回答说："一棵树不会太关心它结的果实，它只是在它生命汁液的欢乐流溢中自然生长，而只要它的种子是好的，它的根扎在沃土，它必将结好的果实。"我非常欣赏这个回答。只要你的心灵是活泼的、敏锐的，只要你听从这心灵的吩咐，去做能真正使它快乐的事，那么，不论你终于做成了什么事，也不论社会对你的成绩怎样评价，你都是度了一个有意义的创造的人生。

可理解为一个作家不会计较创作的结果，真正的乐趣在于创作的过程。只要他的心灵是自由的、敏锐的，就一定会写出好的作品。

学习提示

读完本文，你受到了什么启示？请结合本文和生活实际思考：我们应该度过一个怎样的人生？

1. 换个角度看问题

⊙王充闾

一家儿童玩具店购进许多新奇玩具，把它们很讲究地摆放在柜台里。出乎意料的是，儿童们来到商店却全然不顾，而是选择去附近其他玩具店买。店老板请来一位中小企业咨询员帮忙分析原因。这位咨询员四周巡视一番，便坐在地板上把视线降到小孩子所能看得到的高度，这回他发现了问题：原来，大人容易看到的地方，对于小孩子来说，却是一个死角。于是，他同店老板一面用膝盖在地板上行走、观测，一面按照小孩子的视线高度，把玩具重新摆放一遍。尔后，这家儿童玩具店的生意便空前兴隆起来。

由此可见，观察事物的角度，确实是一个十分重要的问题。同是这座庐山，“横看成岭侧成峰，远近高低各不同”（苏轼诗）；一部《红楼梦》，“单是命意，就因读者的眼光而有种种：经学家看见《易》，道学家看见淫，才子看见缠绵，革命家看见排满，流言家看见宫闱秘事……”（鲁迅语）。

事物本来是复杂的、多向的，只有从多角度、多侧面进行多向思考，才有可能获得全面、正确的认识。可是，在日常实践中，我们却经常看到，有些同志坚持直线思维，考虑问题往往局限在一个点、一条线、一个面上，一条道跑到黑，钻牛角尖，闯死胡同，而不愿多想几种可能性，多开辟几条解决问题的途径。比如，以前发生过的为了发展粮食生产而毁林开荒、拦海造田的失误，就同这种直线式思维有关系。有些同志坚持习惯性思维，头脑僵化，习惯于用过去的教条解释现实，在已知的旧路上徘徊。比如，一谈到防治害虫，人们便习惯性地想到种类繁多、浓度不断加大的化学农药。实际上，如果换个角度考虑问题，就会发现治虫是可以不用农药的。有些植物本身具有毒杀作用，而且为某些害虫所爱吃；有些植物的根、茎、叶、花含有挥发油、生物碱等化学物质，害虫对它们避而远之。如果我们在农作物区选择适当的农业生态体系，利用某些植物的毒杀、忌避作用，不施农药，同样可以防治害虫。

作战有正攻、反攻和绕到敌人后面或侧面进攻的迂回战术；思维科学中也有反向思考、侧面思考、多向思考等形式。在中国古代，孙膑以减灶擒庞涓，而虞诩却以增灶破羌兵，因时因地制宜，变换战略战术，这是克敌制胜之道。思维活动也是如此，一个方向受阻了，不妨换个角度作逆向思考。《丝路花雨》中英娘反弹琵琶的舞姿，日常生活中“推推不成拉拉看”的俗语，对我们进行多种形式的思考，都有直接的启示。

从相反的事物有同一性、既对立又统一这个前提出发，明确思维的多向性，这是开阔思路，克服直线式、习惯性思维方式的有效途径。

（有删改）

乌盗吏肉

出自《汉书》。相传，西汉的黄霸担任颍川太守时，非常重视了解民情。一次，他派了一名官吏秘密外出暗访。为了隐藏行踪，官吏只得风餐露宿。一天，他正在路边吃饭。突然，飞来一只乌鸦，叼走了他的肉。这正巧被一个要去太守府言事的百姓看到了，黄霸与之交谈时，百姓说及此事。第三天，官吏返回拜见黄霸，黄霸慰劳说：“你实在辛苦！在路旁吃饭，肉却让乌鸦叼走了。”官吏听后非常吃惊，以为黄霸对他的行踪了如指掌，回答黄霸的询问时丝毫不敢隐瞒。

【典意】称颂地方官吏洞察细微，善于治政；有时也指攫取非分的利益。

2. “不似则失其所以为诗，似则失其所以为我”（节选）

——创造与模仿

⊙朱光潜

凡是创造之中都有欣赏，但是创造却不仅是欣赏。创造和欣赏都要见到一种意境。欣赏见到意境就止步，创造却要再进一步，把这种意境外射到具体的作品上去。见到一种意境是一件事，把这种意境传达出来让旁人领略又是一件事。

比如我此刻想象到一个很美的夜景，其中园亭、花木、湖山、风月，件件都了然于心，可是我不能把它画出来。我何以不能把它画出来呢？因为我不能动手，不能像支配筋肉一样任意活动。我如果勉强动手，我所画出来的全不像我所想出来的，我本来要画一条直线，画出来的线却是七弯八扭，我的手不能听我的心指使。穷究到底，艺术的创造不过是手能从心，不过是能任所欣赏的意象支配筋肉的活动，使筋肉所变的动作恰能把意象画在纸上或是刻在石上。

这种筋肉活动不是天生自在的，它须费一番功夫才学得来。我想到一只虎不能画出一只虎来，但是我想到“虎”字却能信手写一个“虎”字出来。我写“虎”字毫不费事，但是不识字的农夫看我写“虎”字，正犹如我看画家画虎一样可惊羡。一只虎和一个“虎”字在心中时都不过是一种意象，何以“虎”字的意象能供我的手腕做写“虎”字的活动，而虎的意象却不能使我的手腕做画虎的活动呢？这个分别全在有练习与没有练习。我练习过写字，却没有练习过作画。我的手腕筋肉只有写“虎”字的习惯，没有画虎的习惯。筋肉活动成了习惯以后就非常纯熟，可以从心所欲，意到笔随；但是在最初养成这种习惯时，好比小孩子学走路，大人初学游水，都要跌几跤或是喝几次水，才可以学会。

各种艺术都各有它的特殊的筋肉的技巧。例如写字、作画、弹琴等要有手腕筋肉的技巧，唱歌、吹箫要有喉舌唇齿诸筋肉的技巧，跳舞要有全身筋肉的技巧。要想学一门艺术，就要先学它的特殊的筋肉的技巧。

学一门艺术的特殊的筋肉技巧，要用什么方法呢？起初都要模仿。“模仿”和“学习”本来不是两件事。姑且拿写字做例来说。小儿学写字，最初是描红，其次是写印本，再次是临帖。这些方法都是借旁人所写的字做榜样，逐渐养成手腕筋肉的习惯。但是就我自己的经验来说，学写字最得益的方法是站在书家的身旁，看他如何提笔，如何运用手腕，如何使全身筋肉力量贯注在手腕上。他的筋肉习惯已养成了，在实地观察他的筋肉如何动作时，我可以讨一点诀窍来，免得自己去暗中摸索，尤其重要的是免得自己养成不良的筋肉习惯。

推广一点说，一切艺术上的模仿都可以作如是观。比如说作诗作文，似乎没有什么筋肉的技巧，其实也是一理。诗文都要有情感和思想。情感都见于筋肉的活动，我们在前面已经说过。思想离不开语言，语言离不开喉舌的动作。比如想到“虎”字时，喉舌间都不免起若干说出“虎”字的筋肉动作。这是行为派心理学的创见，现在已逐渐为一般心理学家所公认。诗人和文人常欢喜说“思路”，所谓“思路”并无若何玄妙，也不过是筋肉活动所走的特殊方向而已。

…………

古今大艺术家在少年时所做的功夫大半都偏在模仿。米开朗琪罗费过半生的功夫研究希腊罗马的雕刻，莎士比亚也费过半生的功夫模仿和改作前人的剧本，这是最显著的例子。中国诗人中最不像用过功夫的莫过于李太白，但是他的集中摹拟古人的作品极多，只略看看他的诗题就可以见出。杜工部说过：“李侯有佳句，往往似阴铿。”他自己也说过：“解道澄江静如练，令人长忆谢玄晖。”他对于过去诗人的关系可以想见了。

艺术家从模仿入手，正如小儿学语言，打网球者学姿势，跳舞者学步法一样，并没有什么玄妙，也并没有什么荒唐。不过这步功夫只是创造的始基。没有做到这步功夫和做到这步功夫就止步，都不足以言创造。我们在前面说过，创造是旧经验的新综合。旧经验大半得诸模仿，新综合则必自出心裁。

像格律一样，模仿也有流弊，但是这也不是模仿本身的罪过。从前学者有人提倡模仿，也有人唾骂模仿，往往都各有各的道理，其实并不冲突。顾亭林的《日知录》里有一条说：

> 诗文之所以代变，有不得不然者。一代之文，沿袭已久，不容人人皆道此语。今且千数百年矣，而犹取古人之陈言一一而模仿之，以是为诗可乎？故不似则失其所以为诗，似则失其所以为我。

这是一段极有意味的话，但是他的结论是突如其来的。“不似则失其所以为诗”一句和上文所举的理由恰相反。他一方面见到模仿古人不足以为诗，一方面又见到不似古人则失其所以为诗。这不是一个矛盾吗？

这其实并不是矛盾。诗和其他艺术一样，须从模仿入手，所以不能不似古人，不似则失其所以为诗；但是它须归于创造，所以又不能全似古人，全似古人则失其所以为我。创造不能无模仿，但是只有模仿也不能算是创造。

凡是艺术家都须有一半是诗人，一半是匠人。他要有诗人的妙悟，要有匠人的手腕，只有匠人的手腕而没有诗人的妙悟，固不能有创作；只有诗人的妙悟而没有匠人的手腕，即创作亦难尽善尽美。妙悟来自性灵，手腕则可得于模仿。

单元学习任务

任务一

写议论文需紧扣论点，并选择恰当的论证方法来论证自己的观点。议论文的写作思路（也指文章的论证过程）即文章提出什么论点—运用哪些论据—如何证明。请你选择本单元的一篇文章写出文章的论证思路。

任务二

2020 年，面对新型冠状病毒肺炎疫情，我国的很多医护人员和科研工作者，一边救治病人，一边进行研究。他们的事迹启示我们，每个人的生命价值都是不同的，伟大在于奉献与创造。请你结合生活实际，说说在你现在的生活中该如何创新，发现创新的乐趣。

□ ______________________________

□ ______________________________

□ ______________________________

别出机杼

爱因斯坦在美国高等教育300周年纪念会上说：“由没有个人独创性和个人志愿的统一规格的人所组成的社会将是一个没有发展可能的不幸的社会。”人类社会发展的历史，就是一部创新的历史。本单元的文章也许会带给你些许惊喜：比如弯路竟然比捷径更好走，比如小故事竟然可以改变历史……希望它们能为你提供认识这个世界的新的视角。

学习本单元文章，体会创造性思维能力对于我们生活和学习的积极意义。

1. 弯路比捷径好走

⊙孙君飞

过去，我上班习惯走那条大路，直且近，大部分人都习惯走这条路，由于车辆众多，人拥车堵的事情时有发生。这时候，我在直路上也要曲里拐弯地走，耗时费力，甚至停下来苦等，捷径就变成了远路。

后来，我无意间发现了另一条路，非直非近，要比以前一条大路远 500 米，稍有坡度和坎坷，也不够宽阔，喜欢走的人不多，在闹市中显得较寂静。我试着走了几次，不用避人躲车，可以心无旁骛地一口气走过。看看时间，竟比原先走大路的时间少了 10 分钟左右。

我不由感慨，有时候弯路竟比捷径好走。

考最好的大学，深造几年，然后进最好的公司工作，实现自己的雄心壮志，去过高品质的生活。这是大多数年轻人心目中的捷径。但是有的人会选择打破这种规则，偏偏走另一条弯路。“80 后”企业家代表人物李想在高考的关键时期却选择了放弃，坚持养大自己好不容易创办起来的网站。他觉得摆在自己面前的机遇稍纵即逝，办网站比考大学更重要，当然这条弯路没有几个同龄人在走，其中的困难和风险很大，但是他有信心、有能力办成它，永不言弃，最终达到成功的顶峰。而同时，许多同龄人在考大学的“独木桥”上被挤下、被淘汰，至今平庸无为。

曾任美联储主席的格林斯潘24岁时，还没有从纽约大学毕业，为挣学费在一家投资机构做兼职调查员。他竟然在美国政府封锁消息、层层保密之下，从军队的营数算出战斗机的架数，再算出耗损量，又预测出战争期间每种型号战斗机的需求量，随后找来飞机制造厂的技术报告和工程手册，弄清楚制造战斗机所需铝、铜和钢材等原材料的数量，终于算出了美国政府对原材料的需求量。他的报告使投资家们较准确地预测了美国政府对原材料的需求量对股市的影响，给他们带来了丰厚的回报。格林斯潘也因此受人瞩目，为以后人生的辉煌打下了坚实的基础。

不从众，不随大流，不扎堆，不人云亦云，那就只能选择走大家都不喜欢、都不习惯的弯路、窄路、坡路、坎坷路。“无限风光在险峰”，险峰下的路自然不是我们平常所理解的捷径。

一般人摄影习惯从人物正面照，这是照片刊发的常态和捷径，但有记者却从人物的背面照，照出了人物不为人知的一面，终于在无数普通的照片里脱颖而出，一举成名。虽然“弯”到了所有人的后边，但他走了一条最近最快的路。生活中有无数弯路，无数捷径，如何选择，如何转变，在于我们有没有将路看准的眼光、准备走“弯路”的决心，以及将“弯路”变“捷径”的思维能力。

看上去很弯的路，以百倍的勇气和过人的智慧走过去，却让人最快达到成功的顶点。

太乙燃藜

出自《拾遗记》。相传，西汉大学者刘向奉旨校勘天禄阁（汉代皇家藏书所）藏书，他一丝不苟，殚精竭虑。一天夜里，一位身穿黄衣的老人手执青藜杖走进天禄阁，看见刘向正在昏暗之中独自诵读，就吹向杖柄，藜杖便如火炬般燃烧起来，为刘向照明。两人彻夜长谈，临行时老人说：“我是太乙之精，天帝听说刘家之子博学多才，派我下来察看。”说完，从怀中取出天文地图之书，传给刘向。

【典意】形容人通宵达旦勤学苦读；也指得到高人传授。

2. 一个小故事改变历史

⊙魏雅华

夜不眠

那是 1941 年的冬天。

那一年，第二次世界大战的战火在熊熊燃烧。全世界都在流血，在遭难，在呻吟，在挣扎。

那年的冬天特别冷。1941 年的 12 月，那是滴水成冰的季节。美国首都华盛顿的街头，到处是厚厚的积雪，结冰的路面走上去很滑。快到圣诞节了，可一点都没有圣诞节的气氛，人们都在匆匆忙忙地赶路。

夜已很深了，美国“原子弹之父”罗伯特·奥本海默一个人在空落落的街上踟蹰，他不知要到哪里去，也不知道该去干什么。他不想回家，尽管家中那样温暖，还有他的爱妻在等他。

他真不知道该如何面对罗斯福总统。为了向罗斯福总统讲明什么是原子弹，什么是原子，什么是原子核，什么是核裂变，他真的已经黔驴技穷了。这位伟大的总统没有多少核物理方面的知识。

他无法让总统明白，一颗原子弹怎么会有那样不可思议的杀伤力，一颗原子弹怎么会有几万吨 TNT 炸药的威力，一颗原子弹又怎么能毁灭一座城市，又怎么能一下子杀死几十万人。而这一切又都不是科学幻想，战争不容幻想。

他无法让总统明白什么叫冲击波，什么叫光辐射，为什么原子弹的爆炸会带来核污染，核污染能存在多少年。他无法让总统弄明白，为什么原子弹的爆炸能形成几万、几十万摄氏度的高温，那温度已达到了让玉石俱焚、毁灭一切的太阳内部的温度。

总统莫名其妙的神情已表明不胜其烦，而且疲惫不堪。不要说总统，他也讲得口干舌燥、疲惫不堪了。他整整讲了 4 个小时，总统显然什么都没听明白，想要总统为他的“曼哈顿计划”拿出钱来，而且是百亿美元的巨款，绝无可能。对于 1941 年战时的美国，多少钱都不够花。

经过了几年的努力，罗伯特·奥本海默已经拥有了一切，全世界一流的科学家包括爱因斯坦，都在他的麾下。能搜罗到的，他已经悉数收入囊中。研制出可供实战使用的原子弹，所有的技术问题都已解决，实验室阶段已经结束。

可要开发并制造出能投入战争中去，决定战争进程甚至战争胜负的原子弹，还差得很远很远。他急需数百亿美元庞大的经费和至少 10 万人的投入，这一切，没有总统的支持是不可能的。

如果拿不到这笔钱，他将功亏一篑，在最后1000米倒下，他所有的心血都将付诸东流，他将无颜面对这个世界。

他还有一个机会，也许这是最后一个机会。第二天早上，他将与总统共进早餐。他必须用最浅显易懂的语言，也许只能讲3分钟，让总统明白为什么要研制原子弹，进而支持他的计划。

天渐渐亮了，启明星在天边熄灭，就在昼夜转换的这一刻，突然，一个想法从他的心头掠过，也许这便是被人们称作灵感的东西，他一阵窃喜：有救了。

一个故事

在与罗斯福总统共进早餐时，奥本海默给他讲了一个故事。

1804年12月，拿破仑加冕为法兰西皇帝，史称“拿破仑一世”，他缔造了法兰西第一帝国，并以其赫赫战功，粉碎了5次反法联盟，成为欧洲大陆霸主，其控制地域从比利牛斯山延伸到涅曼河，从北海延伸到亚得里亚海。

不可一世的拿破仑，在战场上所向披靡。

可就是这样一位在世界战争史上罕见的天才和悍将，却在海上屡战屡败。法国的海军被英国海军打得丢盔卸甲，浮尸满海，如枯枝败叶，惨不忍睹。就在拿破仑在海战中几乎输得精光，一筹莫展的时候，幸运之神来了。

一位工程师求见，他向拿破仑建议，将木质的战舰改成钢制的铁甲舰，将布帆全部砍去，换成蒸汽机涡轮发动机。

这位世界战争史上罕见的天才统帅听后，不以为然地一笑。

他那天才的大脑想，木板改成钢板，船还能漂在水面上吗？砍了布帆，船靠什么前进？就靠那把“大茶壶”吗？他想，他是工程师吗？一个疯子而已。

他下令，把这个喋喋不休的疯子大耳光子扇出去。

拿破仑可能永远都不知道，他犯下的是一个什么样的错误。如果他听了这个喋喋不休的“疯子”的话，历史将因此被改写。他也不会在战败之后，孤零零地被囚禁并困死在一个小岛上。

听完了这个小故事，总统一声未吭。半晌，就在奥本海默完全绝望的时候，总统看着他的公文包说：“我不会下令把你这个喋喋不休的疯子大耳光子扇出去。把你的报告拿出来吧。”

求学新解

伟大的教育家陶行知，针对当时国贫民弱的状况，提出“创造”的主张，试图以教育创新来促进新社会的建设。这个主张秉承了孔子“和而不同”的教育理念：“和”的是“知”，是理念与原则；“不同”的是“行”，是探索与实践。从四大发明到北斗卫星导航系统、5G技术，正是将“知”活用在“行”上的创造力，让古老的中华文明屹立不倒，并焕发出新的生机。本单元选取的两篇文章，强调将知识融入生活，在实践中学习与创新，希望能为你的求学探索提供一些借鉴。

阅读本单元文章，请特别关注作者是如何选取贴近生活的论据，并运用适当的论证方法摆事实、讲道理，使人心悦诚服的。同时也要体会叶圣陶、周国平等大家教导后人时的一片赤诚之心。

1. 受教育跟处理生活

⊙叶圣陶

中等教育的目标不外乎给予学生处理生活的一般知识，养成学生处理生活的一般能力，使他能够做一个健全的公民。依照教育学者的说法，话绝不会这么简单；他们罗列各派的学说，比较各国的国情，一下子一章，再一下子又是一章，可以写成一本很厚的书。但是说来说去，总脱不出这一句简单的话的范围。

所谓生活，无非每天碰到的一桩桩一件件的事情。客人来了，该要款待他，这是一件事情。夏天快到了，该要下稻种，这是一件事。东北四省失去已经三年了，该要想法收回，这是一件事。太阳上的黑子今年又扩大起来了，该要研究它的所以然以及对于地球的影响，这是一件事。事情是举不完数不完的；许许多多的事情积聚起来，其总和就是人类的生活。

根本地说起来，处理生活的知识当然该从一桩桩一件件的事情上去取得，处理生活的能力当然该从一桩桩一件件的事情上去历练。唯有这样，才无所谓学习跟实做的界限，才没有支离破碎的弊病；过一天就是一天的充实生活，便没有像泄了气的气球似的预备生活。

教育的最高境界该怎样呢？说出来也平淡无奇，不过实现上面所说的罢了。在现今世界上，并不是没有施行这种教育规模的地方。在我国，有一部分教育者提出教、学、做合一的主张（又有人说该是做、学、教合一），也是想把教育推进到最高境界的一种企图。

但是要知道，教育是不能离开了种种的社会关联而独立的。教、学、做合一的主张不能普遍于整个教育界，正受着种种的社会关联的限制。此刻我们必须明白的是：现行的教育规模，例如把训育跟教科分为两橛，又如定下公民、卫生、国文、算学等科目教学生学习，实在不是顶妥当的办法，而只是不得已的办法。

为什么不是顶妥当的办法？因为这样一来，就把教育跟一桩桩一件件的事情，也就是跟生活的距离拉得远了；故而在学校里当学生，总不免有“预备生活”之感。但是不这样就得全盘推翻，另起炉灶；在不能另起炉灶的时候，要让青年取得知识，历练能力，就只得照现在这样做。所以说只是不得已的办法。

明白了这一点有什么益处呢？益处就在于能使我们不忘记我们的实际生活。我们学的虽然是公民、卫生、国文、算学等科目，而实际生活里并没有这些科目，只有一桩桩一件件的事情。

事情临到我们的面前，我们要能综合地运用这些科目去处理，那才是真个取得了知识，历练了能力。如果徒然记住在心里，写在笔记簿上，临到事情还是茫然失措，那就等于没有受什么教育；我们决不肯这样耽误了自己。

连带地，我们自然会领悟教科书的本质只是各种科目的纲领而已。譬如演戏，教科书好像一张节目单，背得出节目单并不就是演了好戏。纲领自有纲领的用处，繁复的头绪须得理清楚，才可以结成概念，纲领的必要就在乎此。因而死命地记诵教科书是无谓的，把记诵教科书当作受教育的终极目的尤其无谓。我们固然不肯把节目单抛开不顾，可是我们更得好好地演我们的戏——随时随地好好地处理我们的生活。

2. 不管世界如何变化，教育的本质不会改变

⊙周国平

今年年会的主题是营造教育新生态，说实话，我接到这个题目，内心有些抵触。我想，衡量教育生态，要看它好不好，而不是新不新。如果教育原本的生态是不好的，无论加了什么新因素，打造了什么新外观，它仍然是不好的。后来我看了通知说明，就理解了提出“教育新生态”概念的原因，主要是指新技术对教育发生的影响，导致了教育的形态和方式发生了很大的变化。

那么，我想探讨一个在我看来很重要的问题，就是在这些变化中有没有不变的东西，或者说不可改变的东西，是教育之为教育的本质的东西，如果丢掉了就不再是教育了。进一步说，新技术的应用是不是更加凸显了这些东西的重要性和不可取代性，因此我们更应该在这方面下力气，真正来改善我们的教育生态。

现在最热门的两个新技术，一个是互联网，一个是人工智能。

针对这两个热门，谈两点看法。

第一，互联网和自我教育。

互联网给教育带来的改变有目共睹，而且总体上是积极的。我想谈一个问题，互联网凸显了自我教育的能力的重要性，也因此暴露了现行教育在培养自我能力方面的很大的不足。

对于教育，我有一个基本的观点，就是一切教育本质上都是自我教育，一切学习本质上都是自学。这个特性在天才身上表现得尤为突出，在人类文化的任何一个领域，一切做出重大贡献、创造性贡献的人物，都有自我教育的能力，而不只是学校和老师教出来的。

这样一个特性，在一般学生身上同样也有所表现，只是不像天才成长故事那样富有戏剧性罢了。我讲的自我教育能力，是指在兴趣的引导下自主学习的能力。一个学生从小学、中学、大学直到毕业以后，看他优秀还是平庸，最关键的是看他是不是具备了这样的自我教育能力，具备了在兴趣引导下自主学习的能力。生活实践不会在乎你在学校里分数的高低，只会检验你素质是否真正好。没有自我教育能力的人，他的平庸很快会暴露无遗。

自我教育的能力是优秀的标志，有这个能力的人会有作为，没有这个能力的人往往平庸，这从来是规律，但是在互联网时代会表现得更加鲜明。互联网最大的好处，是信息资源的发达和共享，每个人都可以方便地获取自己所需要的信息。但要享受这个好处的前提，一是有自己感兴趣的领域和方向，知道自己要什么，二是具备相当的鉴别能力，因此能够找到有价值的信息。如果没有这两点的话，基本的情况就是信息像潮水一样涌来，你只是被动地接受信息，成为海量信息的一个通道。这些信息和你的心灵、生活毫无关系，所以它不是促进反而是败坏了心智的成长。因此，互联网的作用有两面，对于有自我教育能力的人来说，它提供了广阔的学习平台，对于没有自我教育能力的人来说，则在信息流的强制作用下，这种能力反而更加难以培养了。

今年新冠疫情全球大流行，凸显了互联网的优点和不足。优点很明显，如果没有互联网，学校教育彻底停摆。有的人由此得出了一个乐观的看法，认为网课可以取代或大部分取代实体教育。我认为不能，因为疫情期间也暴露了网课的不足，主要是两点。第一，网课缺乏实体教育的现场感和亲密性。在课堂上，学生和老师之间有现场互动和情绪交流。一个老师看着学生的眼睛讲课，和对着屏幕讲课，听者和说者的感受都是不一样的。第二，年龄比较小的学生，自制力比较差，听网课往往不专心，效果较差，很多学校只好把上过的网课重新再上一遍。所以，至少在基础教育阶段，课堂仍然是教学的主要场所。

第二，人工智能和人的全面发展。

人工智能是现在最时髦的新科技、新技术，虽然还没有实际应用到教育里面，但这方面的遐想已经很多了，那么，我也不妨来遐想一下。我相信人工智能在教育领域会有所作为，但一定有它的限度，这个限度就是它不可能取代教育和学习的过程。这里面的关键问题是：到底什么是教育？教育的目标是什么？我认为不管教育怎样变化，它的本质始终是人的精神能力的生长，所以它的目标始终应该是人的全面发展。因此，我们要问一个问题，能不能依靠人工智能让自己全面发展呢？要回答这个问题，又要先问一个问题，人工智能能不能真正具备人的各种精神能力？

关于人工智能，现在谈论比较多的是人工智能能不能达到甚至超过人类的智能。我想把问题拓宽一些，因为人的精神能力不限于智能，还有情感和道德。根据我粗浅的理解，人工智能的基础是算法，就是把信息数字化，通过大数据的计算找出其中的逻辑。因此，凡是不可数字化的因素，都在人工智能的权限之外。

先看智能。人工智能的强项是智能，这从命名就可以知道。人类智能的核心因素是什么？有两种看法。一种认为是知识、逻辑、记忆力，另外一种认为是直觉、灵悟、想象力。爱因斯坦的看法是后者，想象力比知识重要，是创造的源泉，我赞同这个看法。而这方面的因素是无法数字化的，所以人工智能永远欠缺人类智能的核心因素。比如说，人工智能可以把相对论领域迄今为止的知识全部数字化，但是首先得由爱因斯坦发现相对论，人工智能发现不了。

其次看情感。我倾向于认为，人工智能不可能拥有真正意义上的情感。人类的情感有各种外在表现，主要是脸部的表情、说话的语气、话语的内容。人工智能可以通过对视觉图像、语音和文本的信息来识别这些外部表现，甚至可以模拟这些外部表现，形成一种情感的外观，从而让人类根据自己的体验赋予它们以情感的涵义。但这和真正拥有情感是两回事。拥有情感一个最基本的条件，必须是一个活的生命体。你是一个活的生命体，才可能感受快乐和痛苦、爱和恨、希望和恐惧这些情感。而人工智能不可能成为一个活的生命体。

在道德方面，情况与此类似。道德的基础无非是两个，一个是人作为生命对其他的生命有同情心，另外，人作为精神个体，有做人的尊严感。我认为人工智能不可能拥有真正的生命和灵魂，所以它不可能形成道德情感和道德良知。

进一步说，人类的所有精神能力，包括智能、情感、道德，都是建立在人的主体性基础上的。我说的主体性，是指每个人都具有对自身同一性和延续性的意识，是一个拥有自我意识的“我”。是我在思考，我在爱，我在向善。人工智能之所以不可能真正具备人的精神能力，根本的原因是它归根到底是机器，不是主体，不可能拥有真正意义上的自我意识。

所以，我的结论是人工智能不可能取代教育和学习的过程。无论人工智能多么发达，人的全面发展还得靠每个人自己。我觉得这真是一件好事情。笛卡儿说：我思故我在。我们可以补充说：我爱故我在，我向善故我在。人生的意义和幸福就在于应用和享受人的这些精神能力，如果把这些事情都让机器人去取代，活着还有什么意思。

今年技术界最轰动的新闻，就是马斯克的公司向公众展示了三只植入脑机接口设备的小猪。这家公司的愿景是将来把芯片植入人脑，把人的大脑和计算机连接起来，实现双向的信息传递。有的人为此欢欣鼓舞，认为到了那个时候，学习就是非常简单的事情了，比如就不需要阅读了，直接把文本信息传递到大脑芯片上就可以了。且不说这种愿景是否能实现，就是能够实现，我相信大多数人也会拒绝采用的。把自己的大脑变成一个信息的储存器、文本的储存器，完全放弃阅读本身的各种快乐，这是懒人的理想，而结果则是变成一个蠢人。

（本文是作者在2020年中国教育三十人论坛第七届年会上的演讲，原文有删改）

论证要合理

写议论文，不管是立论还是驳论，都要摆事实、讲道理，要想使人信服你的观点，就需要进行合理的论证。它要求选用恰切的论据，运用适当的论证方法，准确阐发论据与观点之间的逻辑关联。

首先，论证要合乎逻辑，观点要一致；其次，选用的材料要能支持论点，避免出现论据不相干或论据不足的情况；最后，要选择恰当的论证方法。

阅读本单元文章，要找出文中的论点、论据，梳理出论证过程，思考论证的结构和思路是否合理清晰。然后，试着写一篇议论文，明确表达自己的观点，合理选取论据并恰当安排论证的结构。

1. 生命的三分之一

⊙邓　拓

探讨生命的意义，实际是为了引出有关生命时间的探讨。

一个人的生命究竟有多大意义，这有什么标准可以衡量吗？提出一个绝对的标准当然很困难；但是，大体上看一个人对待生命的态度是否严肃认真，看他对待劳动、工作等的态度如何，也就不难对这个人的存在意义做出适当的估计了。

古来一切有成就的人，都很严肃地对待自己的生命，当他活着一天，总要尽量多劳动、多工作、多学习，不肯虚度年华，不让时间白白地浪费掉。我国历代的劳动人民以及大政治家、大思想家等都莫不如此。

班固写的《汉书·食货志》上有下面的记载：

论据之一：妇女夜绩。

冬，民既入；妇人同巷，相从夜绩，

女工一月得四十五日。

这几句读起来很奇怪，怎么一月能有四十五天呢？再看原文底下颜师古做了注解，他说："一月之中，又得夜半为十五日，共四十五日。"

这就很清楚了。原来我国的古人不但比西方各国的人更早地懂得科学地、合理地计算劳动日，而且我们的古人老早就知道对于日班和夜班的计算方法。

一个月本来只有三十天，古人把每个夜晚的时间算作半日，就多了十五天。从这个意义上说来，夜晚的时间实际上不就等于生命的三分之一吗？

对于这三分之一的生命，不但历代的劳动人民如此重视，而且有许多大政治家也十分重视。班固在《汉书·刑法志》里还写道：

秦始皇躬操文墨，昼断狱，夜理书。

论据之二：始皇勤政。

有的人一听说秦始皇就不喜欢他，其实秦始皇毕竟是中国历史上的一个伟大人物，班固对他也还有一些公平的评价。这里写的是秦始皇在夜间看书学习的情形。

据刘向的《说苑》所载，春秋战国时有

许多国君都很注意学习。如：

论据之三：师旷劝学。

晋平公问于师旷曰："吾年七十，欲学恐已暮矣。"师旷曰："何不炳烛乎?"

在这里，师旷劝七十岁的晋平公点灯夜读，拼命抢时间，争取这三分之一的生命不至于继续浪费，这种精神多么可贵啊！

《北史·吕思礼传》记述这个北周大政治家生平勤学的情形是：

论据之四：思礼夜读。

虽务兼军国，而手不释卷。昼理政事，夜即读书，令苍头执烛，烛烬夜有数升。

光是烛灰一夜就有几升之多，可见他夜读何等勤奋了。像这样的例子还有很多。

妇女夜绩、始皇勤政、师旷劝学、思礼夜读四个事实论据各有侧重，说明不管你是何种身份的人，只要能珍惜时间，都可以"延长"生命的时间，并能取得一定成就。

为什么古人对于夜晚的时间都这样重视，不肯轻轻放过呢？我认为这就是他们对待自己生命的三分之一的严肃认真态度，这正是我们所应该学习的。

我之所以想利用夜晚的时间，向读者同志们做这样的谈话，目的也不过是要引起大家注意珍惜这三分之一的生命，使大家在整天的劳动、工作以后，以轻松的心情，领略一些古今有用的知识而已。

表明作者的写作目的：倡导读者珍惜夜晚的时间，珍惜这三分之一的生命。

2. 北大精神北大人

⊙邵燕祥

今年要纪念北京大学建校一百周年。一百年来，北京大学有光荣也有耻辱。光荣莫过于成为“五四”新文化运动的发祥地，成为“五四”所倡导的科学与民主精神的发祥地。北京大学蒙受的耻辱，则是在沦于敌伪的年月，沦于既不讲科学也不讲民主的人掌权的时段。

可以说，北大的光荣传统就是为科学与民主而奋斗，这是“五四”精神，也是北大精神。过去，北大老校址红楼是北大的象征；20 世纪 50 年代以后，北大迁往西郊被撤销的燕京大学原址燕园，而红楼和连带的建筑改归若干政府机关，相应的“民主广场”也已不存在；后来人们说起北大，倒是拿燕园里的未名湖和水塔当作标志了。不过，好在北大精神的载体不在物而在人，我们回首 20 世纪，无数北大人在现代史上为科学与民主所做的奉献，煌煌不掩其光辉。

历数百年北大人，首推开风气之先的蔡元培先生。而在 20 世纪下半叶，我认为马寅初堪称典型，“先生之风，山高水长”啊。

马寅初先生1957年发表高瞻远瞩、切合国情的《新人口论》，随后不久就遭到声势浩大的围剿。我是直到最近才读到他本人几份表达立场的声明。其一曰《接受〈光明日报〉的挑战书》，他说：“我虽年近八十，明知寡不敌众，自当单枪匹马，出来应战，直至战死为止，决不向专以力压服不以理说服的那种批判者投降。”他还说：“不过我有一个要求。过去的批判文章都是‘破’的性质，没有一篇是‘立’的性质；徒破而不立，不能成大事。”到1960年，他在《重申我的请求》中又说：“过去的二百多篇文章都是‘破’的性质，现在的五篇也是‘破’的，我总希望诸位先生多费些时间，做些真正的研究工作，写出一篇‘立’的文章出来。”云云。

在论战激烈的时候，有几位朋友力劝马老退却，“认一个错了事”，以免影响既得的政治地位。马寅初先生写了《对爱护我者说几句话并表示衷心的感谢》，他说：“学术问题贵乎争辩，愈辩愈明，不宜一遇袭击，就抱‘明哲保身，退避三舍’的念头。相反，应知难而进，决不应向困难低头。我认为在研究工作当中事前要有准备，没有把握，不要乱写文章。既写之后，要勇于更正错误，但要坚持真理，即于个人私利甚至于自己宝贵的性命，有所不利，亦应担当一切后果。我平日不教书，与学生没有直接的接触，总想以行动来教育学生，我总希望北大的1.04万学生在他们求学的时候和将来在实际工作中要知难而进，不要一遇困难随便低头。”这可以视为马寅初先生关于治学、关于做人的谆谆嘱咐，他对后生学子的一片厚望蔼然可感。他主张并且身体力行的这种坚持真理、不向困难低头的精神，既是现代的科学精神，民主精神，又符合中国文化中“三军可夺帅，匹夫不可夺志”“富贵不能淫，贫贱不能移，威武不能屈”的传统。

我想，马寅初是北大人的代表之一，在他身上体现着北大精神。这种精神和这种典范，是当代中国知识分子足可引以为自豪的，也是我们应该当作镜子经常揽以自照的。

1998 年 1 月 6 日

公孙布被

出自《史记》。公孙弘是汉武帝时的丞相，虽位高权重，但他仍盖布被，吃糙米饭，而对朋友宾客的需求，却尽其所能地满足，以至于“家无所余”，被当时的读书人所称道。

【典意】赞扬官吏生活俭朴，严于律己。

水浒侠义

“路见不平一声吼，该出手时就出手，风风火火闯九州……”《水浒传》是一部波澜壮阔的草莽英雄交响曲，也是一部浓缩了世间百态的史诗；它揭露了腐败官场的钩心斗角，展现了贩夫走卒的生活日常。这部被清代著名文学评论家金圣叹标榜为“天下第五才子书”的文学巨著，是中国文学史上最早用白话文写成的章回小说之一，对后世文学产生了巨大的影响，成为后世中国小说创作的典范。

阅读本单元文章，要学会浏览和速读，抓住小说的主要线索，把握人物形象，了解名人对名著的不同评价，确定自己评判是非的标准。精读部分选文，在把握情节的基础上，进一步感受人物的品格，全方位分析、评价人物。

1. 杨志卖刀[1]

⊙〔元末明初〕施耐庵

那杨志入得城来，寻个客店安歇下。庄客交还担儿，与了些银两，自回去了。杨志到店中放下行李，解了腰刀、朴刀，叫店小二将些碎银子买些酒肉吃了。过数日，央人来枢密院打点理会本等[2]的勾当。将出那担儿内金银财物，买上告下，再要补殿司府制使职役。把许多东西都使尽了，方才得申文书，引去见殿帅高太尉。来到厅前，那高俅把从前历事文书都看了，大怒道："既是你等十个制使去运花石纲，九个回到京师交纳了，偏你这厮把花石纲失陷了；又不来首告，倒又在逃，许多时捉拿不着。今日再要勾当，

①选自《水浒传》第十二回"梁山泊林冲落草　汴京城杨志卖刀"，题目为编者加。

②本等：本来，原来。

虽经赦宥所犯罪名，难以委用。”把文书一笔都批倒了，将杨志赶出殿司府来。

杨志闷闷不已，回到客店中，思量：“王伦劝俺[①]，也见得是。只为洒家清白姓字，不肯将父母遗体来点污了。指望把一身本事，边庭上一枪一刀，博个封妻荫子，也与祖宗争口气。不想又吃这一闪！高太尉，你忒毒害，恁地刻薄！”心中烦恼了一回，在客店里又住几日，盘缠都使尽了。正是：

花石纲原没纪纲，奸邪到底困忠良。

早知廊庙当权重，不若山林聚义长。

杨志寻思道：“却是怎地好？只有祖上留下这口宝刀，从来跟着洒家，如今事急无措，只得拿去街上货卖得千百贯钱钞，好做盘缠，投往他处安身。”当日将了宝刀，插了草标儿，上市去卖。走到马行街内，立了两个时辰，并无一个人问。将立到晌午时分，转来到天汉州桥热闹处去卖。杨志立未久，只见两边的人都跑入河下巷内去躲。杨志看时，只见都乱撺，口里说道：“快躲了，大

通过写“两边的人”的反应，为牛二出场做了铺垫，侧面写出了他的蛮横无理、霸道、凶狠。

①杨志在回汴京的路上路过梁山泊，梁山泊首领王伦劝他留下，说高俅不会原谅他，他难以官复原职。

虫来也。”杨志道：“好作怪！这等一片锦城池，却那得大虫来？”当下立住脚看时，只见远远地黑凛凛一大汉，吃得半醉，一步一攧撞将来。杨志看那人时，形貌生得粗陋。但见：

面目依稀似鬼，身材仿佛如人。枒杈怪树，变为胳膊形骸；臭秽枯桩，化作腌臜魍魉。浑身遍体，都生渗渗濑濑沙鱼皮；夹脑连头，尽长拳拳弯弯卷螺发。胸前一片锦顽皮，额上三条强拗皱。

外貌描写，生动形象地刻画了牛二泼皮无赖的形象。

原来这人是京师有名的破落户泼皮，叫作没毛大虫牛二，专在街上撒泼行凶撞闹，连为几头官司，开封府也治他不下，以此满城人见那厮来都躲了。却说牛二抢到杨志面前，就手里把那口宝刀扯将出来，问道：“汉子，你这刀要卖几钱？”杨志道：“祖上留下宝刀，要卖三千贯。”牛二喝道：“甚么刀，要卖许多钱！我三百文买一把，也切得肉，切得豆腐。你的刀有甚好处，叫作宝刀！”杨志道：“洒家的须不是店上卖的白铁刀，这是宝刀。”牛二道：“怎地唤作宝刀？”杨志道：“第一件砍铜剁铁，刀口不卷；第

牛二与杨志关于刀的争执，为下文牛二抢刀，杨志杀死牛二做铺垫。

二件吹毛得过；第三件杀人刀上没血。”牛二道：“你敢剁铜钱么？”杨志道：“你便将来，剁与你看。”牛二便去州桥下香椒铺里，讨了二十文当三钱，一垛儿将来，放在州桥阑干上，叫杨志道：“汉子，你若剁得开时，我还你三千贯。”那时看的人虽然不敢近前，向远远地围住了望。杨志道：“这个直得甚么！”把衣袖卷起，拿刀在手，看的较胜[①]，只一刀，把铜钱剁做两半。众人都喝彩。牛二道：“喝甚么采！你且说第二件是甚么？”杨志道：“吹毛过得。就把几根头发望刀口上只一吹，齐齐都断。”牛二道：“我不信。”自把头上拔下一把头发，递与杨志：“你且吹我看。”杨志左手接过头发，照着刀口上尽气力一吹，那头发都作两段，纷纷飘下地来。众人喝采，看的人越多了。牛二又问：“第三件是甚么？”杨志道：“杀人刀上没血。”牛二道：“怎地杀人刀上没血？”杨志道：“把人一刀砍了，并无血痕，只是个快。”牛二道：“我不信！

此段对话描写，不加修饰语，单人物语言已经能够充分展现牛二这个泼皮无赖加醉鬼的形象。这属于白描式的对话描写，能把人物的性格或复杂的心理活动表现得准确、全面、鲜明而又富有个性。

① 较胜：较真切。

你把刀来剁一个人我看。”杨志道：“禁城之中，如何敢杀人？你不信时，取一只狗来，杀与你看。”牛二道：“你说杀人，不曾说杀狗。”杨志道：“你不买便罢，只管缠人做甚么！”牛二道：“你将来我看。”杨志道：“你只顾没了当[①]！洒家又不是你撩拨的。”牛二道：“你敢杀我？”杨志道：“和你往日无冤，昔日无仇，一物不成，两物见在。没来由杀你做甚么？”牛二紧揪住杨志说道：“我偏要买你这口刀。”杨志道：“你要买，将钱来。”牛二道：“我没钱。”杨志道：“你没钱，揪住洒家怎地？”牛二道：“我要你这口刀。”杨志道：“俺不与你。”牛二道：“你好男子，剁我一刀。”杨志大怒，把牛二推了一跤。牛二爬将起来，钻入杨志怀里。杨志叫道：“街坊邻舍都是证见。杨志无盘缠，自卖这口刀。这个泼皮强夺洒家的刀，又把俺打。”街坊人都怕这牛二，谁敢向前来劝。牛二喝道：“你说我打你，便打杀直甚么！”口里说，一面挥起右手，一拳打来。杨志霍

通过语言描写，杨志的落魄与妥协跃然纸上。

① 没了当：没完没了，纠缠不清。

细节描写，把身手敏捷、武功高强的杨志呈现在了我们面前。

通过此处语言描写，我们可以看到杨志虽落魄，但仍然是敢作敢当的好汉。

地躲过，拿着刀抢入来，一时性起，望牛二颡根上搠个着，扑地倒了。杨志赶入去，把牛二胸脯上又连搠了两刀，血流满地，死在地上。

杨志叫道：“洒家杀死这个泼皮，怎肯连累你们！泼皮既已死了，你们都来同洒家去官府里出首。”坊隅众人慌忙拢来，随同杨志，径投开封府出首，正值府尹坐衙。杨志拿着刀，和地方邻舍众人，都上厅来，一齐跪下，把刀放在面前。杨志告道：“小人原是殿司制使，为因失陷花石纲，削去本身职役，无有盘缠，将这口刀在街货卖。不期被个泼皮破落户牛二，强夺小人的刀，又用拳打小人，因此一时性起，将那人杀死。众邻舍都是证见。”众人亦替杨志告说，分诉了一回。府尹道：“既是自行前来出首，免了这厮入门的款打。”且叫取一面长枷枷了，差两员相官，带了仵作行人，监押杨志并众邻舍一干人犯，都来天汉州桥边，登场检验了，叠成文案。众邻舍都出了供状，保放随衙听候，当厅发落，将杨志于死囚牢里监收。但见：

推监狱内，拥入牢门。黄须节级，

麻绳准备吊绷揪；黑面押牢，木匣安排牢锁镣。杀威棒，狱卒断时腰痛；撒子角，囚人见了心惊。休言死去见阎王，只此便为真地狱。

且说杨志押到死囚牢里，众多押牢禁子、节级见说杨志杀死没毛大虫牛二，都可怜他是个好男子，不来问他要钱，又好生看觑他。天汉州桥下众人，为是杨志除了街上害人之物，都敛些盘缠，凑些银两，来与他送饭，上下又替他使用。推司也觑他是个首身的好汉，又与东京街上除了一害，牛二家又没苦主，把款状都改得轻了。三推六问，却招作一时斗殴杀伤，误伤人命。待了六十日限满，当厅推司禀过府尹，将杨志带出厅前，除了长枷，断了二十脊杖，唤个文墨匠人，刺了两行金印，迭配北京大名府留守司充军。那口宝刀，没官入库。当厅押了文牒，差两个防送公人，免不得是张龙、赵虎，把七斤半铁叶子盘头护身枷钉了。吩咐两个公人，便教监押上路。天汉州桥那几个大户，科敛些银两钱物，等候杨志到来，请他两个公人一同到酒店里吃了些酒食，把出银两赍发两位

侧面描写，从街坊四邻、监牢看守等人对杨志的评价和态度，侧面衬托出杨志为人正直、受人尊敬的形象。

防送公人，说道：“念杨志是个好汉，与民除害。今去北京，路途中望乞二位上下照觑，好生看他一看。”张龙、赵虎道：“我两个也知他是好汉，亦不必你众位吩咐，但请放心。”杨志谢了众人。其余多的银两，尽送与杨志做盘缠。众人各自散了。

学习提示

人物形象的塑造通常是通过对人物的语言、神态、动作等进行描写来完成的。如本文中，作者通过对杨志“霍地躲过”“拿着刀枪入来”“搠个着”等动作的细致描摹，塑造了一位身手敏捷、武功高强的英雄形象。

请标画出文中描写人物的句子，用做批注的方式，赏析文本，探究杨志这一人物形象。

2. 鲁智深拳打镇关西[1]

⊙〔元末明初〕施耐庵

三人来到潘家酒楼上，拣个济楚阁儿里坐下。提辖坐了主位，李忠对席，史进下首坐了。酒保唱了喏，认得是鲁提辖，便道："提辖官人，打多少酒？"鲁达道："先打四角酒来。"一面铺下菜蔬果品案酒，又问道："官人，吃甚下饭？"鲁达道："问甚么！但有，只顾卖来，一发算钱还你！这厮，只顾来聒噪！"酒保下去，随即烫酒上来，但是下口肉食，只顾将来，摆一桌子。

三个酒至数杯，正说些闲话，较量些枪法，说得入港，只听得隔壁阁子里，有人哽哽咽咽啼哭。鲁达焦躁，便把碟儿盏儿都丢在楼板上。酒保听得，慌忙上来看时，见鲁

动作描写。说明鲁达性格鲁莽、暴躁。

① 选自《水浒传》第三回"史大郎夜走华阴县　鲁提辖拳打镇关西"，题目为编者加。

提辖气愤愤的。酒保抄手道："官人，要甚东西，吩咐卖来。"鲁达道："洒家要甚么！你也须认得洒家！却恁地教甚么人在间壁吱吱的哭，搅俺弟兄们吃酒？洒家须不曾少了你酒钱！"酒保道："官人息怒，小人怎敢教人啼哭，打搅官人吃酒。这个哭的，是绰酒座儿唱的父子两人，不知官人们在此吃酒，一时间自苦了啼哭。"鲁提辖道："可是作怪！你与我唤得他来。"

酒保去叫。不多时，只见两个到来，前面一个十八九岁的妇人，背后一个五六十岁的老儿，手里拿串拍板，都来到面前。看那妇人，虽无十分的容貌，也有些动人的颜色，拭着泪眼，向前来深深的道了三个万福。那老儿也都相见了。鲁达问道："你两个是那里人家？为甚啼哭？"那妇人便道："官人不知，容奴告禀：奴家是东京人氏，因同父母来渭州投奔亲眷，不想搬移南京去了。母亲在客店里染病身故。子父二人流落在此生受。此间有个财主，叫作'镇关西'郑大官人，因见奴家，便使强媒硬保，要奴做妾。谁想写了三千贯文书，虚钱实契，要了奴家身体。

金翠莲诉说父女的经历，为下文鲁达为父女两人打抱不平、暴打郑屠埋下伏笔，推动故事情节发展。

未及三个月，他家大娘子好生利害，将奴赶打出来，不容完聚，着落店主人家，追要原典身钱三千贯。父亲懦弱，和他争执不得，他又有钱有势，当初不曾得他一文，如今那讨钱来还他？没计奈何，父亲自小教得奴家些小曲儿，来这里酒楼上赶座子，每日但得些钱来，将大半还他，留些少子父们盘缠。这两日酒客稀少，违了他钱限，怕他来讨时受他羞耻。子父们想起这苦楚来，无处告诉，因此啼哭。不想误触犯了官人，望乞恕罪，高抬贵手！”

鲁提辖又问道：“你姓甚么？在那个客店里歇？那个镇关西郑大官人在那里住？”老儿答道：“老汉姓金，排行第二。孩儿小字翠莲。郑大官人便是此间状元桥下卖肉的郑屠，绰号镇关西。老汉父子两个，只在前面东门里鲁家客店安下。”鲁达听了道：“呸！俺只道那个郑大官人，却原来是杀猪的郑屠！这个腌臜泼才，投托着俺小种经略相公门下做个肉铺户，却原来这等欺负人！”回头看着李忠、史进道：“你两个且在这里，等洒家去打死了那厮便来！”史进、李忠抱

此处先用语言描写直接体现鲁达的疾恶如仇，又用史进、李忠相劝了“三回五次”，进一步衬托出鲁达的暴烈性格。

住劝道：“哥哥息怒，明日却理会。”两个三回五次劝得他住。

鲁达又道：“老儿，你来！洒家与你些盘缠，明日便回东京去，如何？”父子两个告道：“若能够回乡去时，便是重生父母，再长爷娘。只是店主人家如何肯放？郑大官人须着落他要钱。”鲁提辖道：“这个不妨事，俺自有道理。”便去身边摸出五两来银子，放在桌上，看着史进道：“洒家今日不曾多带得些出来；你有银子，借些与俺，洒家明日便送还你。”史进道：“直甚么，要哥哥还！”去包裹里取出一锭十两银子，放在桌上。鲁达看着李忠道：“你也借些出来与洒家。”李忠去身边摸出二两来银子。鲁提辖看了见少，便道：“也是个不爽利的人！”鲁达只把这十五两银子与了金老，吩咐道：“你父子两个将去做盘缠，一面收拾行李。俺明日清早来，发付你两个起身，看那个店主人敢留你！”金老并女儿拜谢去了。

此处先用李忠的“不爽利”衬出鲁达的豪爽，又运用语言描写，直接体现鲁达的爽直。

鲁达把这二两银子丢还了李忠。三人再吃了两角酒，下楼来叫道：“主人家，酒钱洒家明日送来还你。”主人家连声应道：“提辖只顾自去，但吃不妨，只怕提辖不来赊。”三个人出了潘家酒肆，到街上分手，史进、李忠各自投客店去了。只说鲁提辖回到经略府前下处，到房里，晚饭也不吃，气愤愤地睡了。主人家又不敢问他。

再说金老得了这一十五两银子，回到店中，安顿了女儿，先去城外远处觅下一辆车儿，回来收拾了行李，还了房宿钱，算清了柴米钱，只等来日天明。当夜无事。次早五更起来，子父两个先打火做饭，吃罢，收拾了。天色微明，只见鲁提辖大踏步走入店里来，高声叫道："店小二，那里是金老歇处？"小二道："金公，鲁提辖在此寻你。"金公开了房门道："提辖官人，里面请坐。"鲁达道："坐甚么？你去便去，等甚么！"金老引了女儿，挑了担儿，作谢提辖，便待出门。店小二拦住道："金公，那里去？"鲁达问道："他少你房钱？"小二道："小人房钱，昨夜都算还了；须欠郑大官人典身钱，着落在小人身上看管他哩。"鲁提辖道："郑屠的钱，洒家自还他。你放这老儿还乡去。"那店小二那里肯放。鲁达大怒，叉开五指，去那小二脸上只一掌，打的那店小二口中吐血；再复一拳，打落当门两个牙齿。小二爬将起来，一道烟跑向店里去躲了。店主人那里敢出来拦他。金老父子两个，忙忙离了店中，出城自去寻昨日觅下的车儿去了。

心理、动作描写，体现鲁达粗中有细。

且说鲁达寻思，恐怕店小二赶去拦截他，且向店里掇了一条凳子，坐了两个时辰。约莫金公去得远了，方才起身，径投状元桥来。

且说郑屠开着两间门面，两副肉案，悬挂着三五片猪肉。郑屠正在门前柜身内坐定，看那十来个刀手卖肉。鲁达走到门前，叫声：“郑屠！”郑屠看时，见是鲁提辖，慌忙出柜身来唱喏道：“提辖恕罪。”便叫副手掇条凳子来：“提辖请坐。”鲁达坐下道：“奉着经略相公钧旨，要十斤精肉，切作臊子，不要见半点肥的在上面。”郑屠道：“使得，你们快选好的，切十斤去。”鲁提辖道：“不要那等腌臜厮们动手，你自与我切。”郑屠道：“说得是。小人自切便了。”自去肉案上拣了十斤精肉，细细切做臊子。那店小二把手帕包了头，正来郑屠家报说金老之事，却见鲁提辖坐在肉案边，不敢拢来，只得远远的立住，在房檐下望。

这郑屠整整的自切了半个时辰，用荷叶包了，道：“提辖，教人送去？”鲁达道：“送甚么！且住，再要十斤都是肥的，不要见些精的在上面，也要切做臊子。”郑屠道：“却才精的，怕府里要裹馄饨，肥的臊子何用？”鲁达睁着眼道：“相公钧旨吩咐洒家，谁敢问他？”郑屠道：“是。合用的东西，小人切便了。”又选了十斤实膘的肥肉，也细细的切做臊子，把荷叶来包了。整弄了一早晨，却得饭罢时候。那店小二那里敢过来，连那正要买肉的主顾也不敢拢来。

语言、神态描写，表现出鲁达故意捉弄郑屠，替翠莲父女打抱不平的疾恶如仇的心理。

郑屠道：“着人与提辖拿了，送将府里去？”鲁达道：“再要十斤寸金软骨，也要细细的剁做臊子，不要见些肉在上面。”郑屠笑道：“却不是特地来消遣我？”鲁达听得，跳起身来，拿着那两包臊子在手，睁着眼看着郑屠道：“洒家特地要消遣你！”把两包臊子劈面打将去，却似下了一阵的肉雨。郑屠大怒，两条忿气从脚底下直冲到顶门，心头那一把无明业火，焰腾腾的按纳不住，从肉案上抢了一把剔骨尖刀，托地跳将下来。

鲁提辖早拔步在当街上。众邻舍并十来个火家，那个敢向前来劝？两边过路的人都立住了脚，和那店小二也惊得呆了。

精彩的动作描写，“揪”“按”“踢”“踏”等一系列动词，生动形象地为我们再现了两人打斗的场面，衬托出鲁达疾恶如仇、敢于伸张正义的性格特点。

郑屠右手拿刀，左手便来要揪鲁达，被这鲁提辖就势按住左手，赶将入去，望小腹上只一脚，腾地踢倒在当街上。鲁达再入一步，踏住胸脯，提起那醋钵儿大小拳头，看着这郑屠道：“洒家始投老种经略相公，做到关西五路廉访使，也不枉了叫作‘镇关西’！你是个卖肉的操刀屠户，狗一般的人，也叫作‘镇关西’！你如何强骗了金翠莲？”扑的只一拳，正打在鼻子上，打得鲜血迸流，鼻子歪在半边，却便似开了个油酱铺，咸的、酸的、辣的，一发都滚出来。郑屠挣不起来，那把尖刀也丢在一边，口里只叫：“打得好！”鲁达骂道：“直娘贼！还敢应口！”提起拳头来，就眼眶际眉梢只一拳，打得眼棱缝裂，乌珠迸出，也似开了个彩帛铺，红的、黑的、绛的都绽将出来。两边看的人惧怕鲁提辖，谁敢向前来劝？

明末清初杰出的文学批评家金圣叹对这三段文字大加赞赏：“真正奇文”“三段，一段奇似一段”。

一奇在曲尽三拳之妙。打镇关西不是一股脑儿地乱打，而是有选择、有步骤地，一次打一个部位。三拳的效果，全从郑屠被打的不同部位所产生的不同感觉写去；

郑屠当不过，讨饶。鲁达喝道：“咄！你是个破落户！若只和俺硬到底，洒家倒饶了你！你如今对俺讨饶，洒家偏不饶你！”又只一拳，太阳上正着，却似做了一个全堂水陆的道场，磬儿、钹儿、铙儿，一齐响。鲁达看时，只见郑屠挺在地上，口里只有出的气，没了入的气，动弹不得。

二奇在点染出鲁达的英雄性格。三拳不打在一处，显示出他粗中有细，三拳就结果了郑屠的性命，足见他疾恶如仇，下手很重；三奇在抒发作者强烈的爱憎感情。

鲁提辖假意道：“你这厮诈死，洒家再打。”只见面皮渐渐的变了。鲁达寻思道：“俺只指望痛打这厮一顿，不想三拳真个打死了他。洒家须吃官司，又没人送饭，不如及早撒开。”拔步便走，回头指着郑屠尸道：“你诈死，洒家和你慢慢理会！”一头骂，一头大踏步去了。街坊邻舍并郑屠的火家，谁敢向前来拦他？

鲁提辖回到下处，急急卷了些衣服盘缠、细软银两，但是旧衣粗重都弃了。提了一条齐眉短棒，奔出南门，一道烟走了。

学习提示

鲁智深是中国古典文学的经典人物形象之一，小说中富有个性化的语言、动作、神态、心理等描写塑造了他打抱不平、粗中有细、疾恶如仇的形象。阅读时，请注意文中塑造人物的手法，借此走进人物的精神世界。

1. 谈《水浒》的人物和结构

⊙茅　盾

《水浒》的人物描写，向来就受到最高的评价。所谓一百单八人个个面目不同，固然不免言之过甚，但全书重要人物中至少有一打以上各有各的面目，却是事实。记得有一本笔记，杜撰了一则施耐庵如何写《水浒》的故事，大意是这样的：施耐庵先请高手画师把宋江等三十六人画了图像，挂在一间房内，朝夕揣摩，久而久之，此三十六人的声音笑貌在施耐庵的想象中都成熟了，然后下笔，故能栩栩如生。这一则杜撰的施耐庵的创作方法，有它的显然附会的地方，如说图像是宋江等三十六人，就是从《宣和遗事》的记述联想起来的，但是它所强调的朝夕揣摩，却有部分的真理，虽然它这说法基本上是不科学的。因为，如果写定《水浒》的，果真是施耐庵其人，那么，他在下笔之前，相对朝夕揣摩的，便该是民间流传已久的歌颂梁山泊好汉的口头文学，而不是施耐庵自己请什么高手画师所作的三十六人的图像。

个个面目不同，这是一句笼统的评语；仅仅这一句话，还不足以说明《水浒》的人物描写的特点。试举林冲、杨志、鲁达这三个人物为例。这三个人在落草以前，都是军官，都有一身好武艺，这是他们相同之处；他们三个本来都是做梦也不会想到有朝一日要落草的，然而终于落草了，可是各人落草的原因又颇不相同。为了高衙内想把林冲的老婆弄到手，于是林冲吃了冤枉官司，刺配沧州，而对这样的压迫陷害，林冲只是逆来顺受，所以在野猪林内，鲁达要杀那两个该死的解差，反被林冲劝止；到了沧州以后，林冲是安心做囚犯的了，直到高衙内又派人来害他性命，他这才杀人报仇，走上了落草的路。杨志呢，为了失陷花石纲而丢官，复职不成，落魄卖刀，无意中杀了个泼皮，因此充军，不料因祸得福，又在梁中书门下做了军官，终于又因失陷了生辰纲，只得亡命江湖，落草了事。只有鲁达，他的遭遇却是"主动"的。最初为了仗义救人，军官做不成了，做了和尚；后来又为了仗义救人，连和尚也做不成了，只好落草。《水浒》从这三个人的不同的遭遇中刻画了三个人的性格。

不但如此，《水浒》又从这三个人的不同的思想意识上表示出三个人之不同遭遇的必然性。杨志一心想做官，"博个封妻荫子"，结果是赔尽小心，依然落得一场空。林冲安分守己，逆来顺受，结果被逼得无处容身。只有鲁达，一无顾虑，敢作敢为，也就不曾吃过亏。对于杨志，我们虽可怜其遭遇，却鄙薄其为人；对于林冲，我们既寄以满腔的同情，却又深惜其认识不够；对于鲁达，我们却除了赞叹，别无可言。《水浒》就是这样通过了绚烂的形象使我们对于这三个人发生了不同的感情。不但如此，《水浒》又从这三个人的思想意识上说明了这三个人出身于不同的阶层。杨志是“三代将门之后，五侯杨令公之孙”，所以一心不忘做官，“封妻荫子”，只要有官做，梁中书也是他的好上司。林冲出自枪棒教师的家庭，是属于小资产阶级的技术人员，他有正义感，但苟安于现状，非被逼到走投无路，下不来决心。至于鲁达，无亲无故，一条光棍，也没有产业，光景是贫农或手艺匠出身而由行伍提升的军官。《水浒》并没叙述这三人的出身（只在杨志口中自己表白是将门之后），但是在描写这三个人的性格时，处处都扣紧了他们的阶级成分。

因此，我们可以说，善于从阶级意识去描写人物的立身行事，是《水浒》的人物描写的最大一个特点。

其次，《水浒》人物描写的又一特点便是关于人物的一切都由人物本身的行动去说明，作者绝不下一按语。仍以林冲等三人为例，这三个人物出场的当儿，都是在别人事件的中间骤然出现的：鲁达的出场在史进寻找王教头的事件中，林冲的出场在鲁达演习武艺的时候，而杨志的出场则在林冲觅取投名状的当儿。这三个人物出场之时，除了简短的容貌描写而外，别无一言介绍他们的身世，自然更无一言叙述他们的品性了；所有他们的身世和品性都是在他们的后来的行动中逐渐点明，直到他们的主要故事完了的时候，这才使我们全部认清了他们的身世和性格。这就好比一人远远而来，最初我们只看到他穿的是长衣或短褂，然后又看清了他是肥是瘦，然后又看清了他是方脸或圆脸，最后，这才看清了他的眉目乃至声音笑貌：这时候，我们算把他全部看清了。《水浒》写人物，用的就是这样的由远渐近的方法，故能引人入胜，非常生动。

《水浒》的人物描写就说到这里为止罢。下面再略谈《水浒》的结构。

从全书看来，《水浒》的结构不是有机的结构，我们可以把若干主要人物的故事分别编为各自独立的短篇或中篇而无割裂之感。但是，从一个人物的故事看来，《水浒》的结构是严密的，甚至也是有机的。在这一点上，足可证明《水浒》当其尚为口头文学的时候是同一母题而各自独立的许多故事。

这些各自独立、自成整体的故事，在结构上有一些共同的特点。大概而言，第一，故事的发展，前后勾连，一步紧一步，但又疏密相间，摇曳多姿。第二，善于运用变化错综的手法，避免平铺直叙。试以林冲的故事为例。林冲故事，从岳庙烧香到水泊落草，一共有五回书，故事一开始就提出那个决定了林冲命运的问题，从此步步向顶点发展，但这根发展的线不是垂直的一味紧下去的，而是曲折的，一松一紧的；判决充军沧州，是整个故事中间的一个大段落，可不是顶点，顶点是上梁山，林冲故事也就于此结束。在这五回书中，行文方面，竭尽腾挪跌宕的能事，使读者忽而愤怒，忽而破涕为笑，刚刚代林冲高兴过，又马上为他担忧。甚至故事中的小插曲（如林冲路遇柴进及与洪教头比武）也不是平铺直叙的。这一段文字，先写林冲到柴进庄上，柴进不在，林冲失望而去，却于路上又碰到了柴进（柴进出场这一段文字写得有声有色），后来与洪教头比武。林冲比武这小段的描写，首尾不过千余字，可是，写得多么错综而富于变化。说要比武了，却又不比，先吃酒，当真开始比武了，却又半真（洪教头方面）半假（林冲方面），于是柴进使银子叫解差开枷，又用大锭银作注，最后是真比，只百余字就结束了；但这百余字真是简洁遒劲，十分形象地写出了林冲武艺的高强。这一小段千余字，还把柴进和洪教头两人的面目也刻画出来了，笔墨之经济，达到了极点。再看杨志的故事。杨志的故事一共只有三回书，一万五六千字，首尾三大段落：卖刀，得官，失陷生辰纲。在结构上，杨志的故事和林冲的故事是不同的。林冲故事先提出全篇主眼，然后一步紧一步向顶点发展，杨志故事却是把失意、得志、幻灭这三部曲概括了杨志的求官之梦，从结构上看，高潮在中段。在权贵高俅那里，杨志触了霉头，但在另一权贵梁中书那里，杨志却一开始就受到提拔，似乎可以一帆风顺了，但在权贵门下做奴才也并不容易。奴才中间有派别，经常互相倾轧。梁中书用人不专，注定了杨志的幻灭，同时也就注定了黄泥冈上杨志一定要失败。故事发展的逻辑是这样的，但小说结构发展的逻辑却从一连串的一正一反螺旋式地到达顶点。杨志一行人还没出发，吴用他们已经布好了圈套，这在书中是明写的；与之对照的，便是杨志的精明的对策。读者此时急要知道的，是吴用等对于此十万贯金珠究竟是“软取”呢还是“硬取”？如果“软取”，又怎样瞒过杨志那精明的眼光？这谜底，直到故事终了时揭晓，结构上的纵横开阖，便是这样造成的。

以上是对于《水浒》的人物和结构的一点粗浅的意见。如果要从《水浒》学习，这些便是值得学习的地方。自然，《水浒》也还有许多优点值得我们学习。例如人物的对白中常用当时民间的口头语，因而使得我们如闻其声；又如动作的描写，只用很少几个字，就做到了形象鲜明，活跃在纸上……这些都应该学习，但是从大处看，应当作为学习的主要对象的，还是它的人物描写和结构。在这上头，我的偏见，以为《水浒》比《红楼梦》强些。虽然在全书整个结构上看来，《红楼梦》比《水浒》更近于有机的结构，但以某一人物的故事作为独立短篇而言，如上所述，《水浒》结构也是有机的。

2. 鲁智深的高贵

⊙鲍鹏山

《水浒传》中的英雄，大多数是无谋的，不，正确的说法是“不谋”。他们做事，只是出于一种看起来比较简单的价值判断，如同李贽[①]说的，出于最初一念之本心的童心，这种最初一念之本心，就是孟子说的是非之心：对的，就去做，错的，就不做；善的，就去扶，恶的，就去打。见义勇为，容不得反反复复的算计。

鲁智深就是不谋的典型。

就做事而言，鲁智深有两个特点：

一、做前三不：不惹事，不生事，不怕事。

二、做后三不：不悔，不怨，不惜。不悔已做的，不怨受惠的，不惜失去的。

他有一句格言：杀人须见血，救人须救彻。

所以，他做事，坚决、干净、彻底，不瞻前顾后，不犹豫不决，

---

① 李贽（1527—1602）：福建泉州人。明代官员、思想家、文学家，泰州学派的一代宗师。

不三思而行。没有那么多的算计，更没有自身利益的考虑。他就因此把自己的生活毁了。但即使这样，他也不思量，不后悔，对自己被毁掉的生活毫不留恋，并且，以后如何，也毫不在意。

他只是一条禅杖，一领直裰，一顶光头，赤条条来去无牵挂，飘飘然潇洒走天下，难怪他是三十六天罡中的天孤星！

金圣叹曾用四个“遇”字说鲁智深：遇酒便吃，遇事便做，遇弱便扶，遇硬便打。

这后面三句，我都没有意见，只“遇酒便吃”四字，委实冤枉了我们的智深兄弟，他固然是好酒，但不贪酒，不酗酒，事实上，他常常是遇酒不吃——在桃花山，因为不喜欢李忠、周通的为人，满桌的酒他便没吃；在瓦罐寺，在极度饥饿中，面对着一桌酒菜和崔道成的邀请，他也没吃；在暗中尾随保护林冲的途中，他也一路不吃酒；在华州，急于救史进的他，面对着朱武等人杀牛宰马和美酒，他仍是“一滴不吃”！

他是率性而为的人，又是内心极有分寸的人。率性和分寸是一对矛盾，要处理好，很难。

率性可爱，有分寸可敬。

李逵比鲁智深更率性，所以有时候比他更可爱。但李逵往往没分寸，让人害怕，所以没有鲁智深可敬。武松分寸感极强，所以很可敬。但不够率性，所以不如鲁智深可爱。

既可敬又可爱，这正是他高于李逵、武松等人的地方。

他的不谋，由于两个原因。

一、他不怕。他不计后果，别人还在琢磨、犹豫，他已挺身而出了。

二、他不躲。“遇弱便扶，遇强便打”，这正是一般人难以企及的境界。遇到弱，还谋什么？扶就是了；遇到强，还谋什么？打就是了。

鲁智深就是这样一个简单的人，他的魅力，就来自他的这种简单，我们就爱他的这份简单、单纯，他几乎是随遇而安，坦然接受命运。他人生最重要的一次挫折和转折，是打死镇关西之后，不得不做了和尚。他在军界特别适合（他武功一流），并且已相当有基础与人缘（老种经略相公与小种经略相公都很欣赏他），按说前程远大。一下子变成了他极不适应的和尚，按我们的想法，他一定非常痛苦，但是，他竟然坦然接受了。

而且，接受之后，他竟然就认了，以后他有很多还俗再做军官的机会，他都终身不改——一件直裰，一穿终身。令我们非常吃惊的是，他还就真的成了正果。

侠肝义胆

从拳打镇关西、大闹桃花村、火烧瓦罐寺，到大闹野猪林，鲁智深一路散发着奋勇忘我的热诚，其正义的金刚之怒，威慑击退着邪恶。为救萍水相逢的金翠莲父女，鲁提辖（相当于少校营长）毁了大好前程，被官府通缉，不得已落发为僧。为朋友两肋插刀，鲁智深挥禅杖救了险遭杀害的林冲，并将其一路护送到沧州七十里外。因此，他成了高俅的眼中钉，相国寺的菜园和尚也做不成了，再次亡命天涯，最终上山落草。为救九纹龙史进，他孤身刺杀贪官贺太守未遂，被打进死牢，命悬一线。

见义勇为，舍身赴义，只要是义的事情，他就毫不犹豫地去做，听从内心的呼唤，该出手时就出手，从不患得患失、斤斤计较。

一百零八将中唯一真正带给人们温暖和光明的，是天孤星鲁智深。书中从未提及他的父母，这样一个缺疼少爱的孤儿却没一点阴暗心理。因为孤独，格外重情义。他把有缘相聚的人都看作自己的亲人，你的事就是他的事。因为备尝艰辛，所以能实实在在帮助别人，扶危济困。

不打不相识，打着打着连来捣乱的众泼皮都成了朋友。他视林冲为生死知己，野猪林里那披肝沥胆[①]的一席话，令人热泪盈眶。不计前嫌，他率兵援助遭官军围剿的李忠、周通。

虽常因行侠仗义而惹祸上身，陷入困窘绝境，孤单悲凉到了极点，但他有着惊人的适应力，荣辱不惊，无怨无悔，吃苦受累，浑然不觉。生活中充满喜感，憨拙粗糙如村野顽童，可爱又可笑，却不可怜。偌大个胖和尚，还指着他来遮风挡雨呢！

怪不得智真长老一眼看出这个粗犷的西北汉子的真善和慧根：上应天星，心地刚直，将来正果非凡。

---

① 披肝沥胆：比喻开诚相见，也形容极尽忠诚。披，披露。沥，往下滴。

今日方知我是我

鲁智深一禅杖把方腊打下马，立了大功。宋江劝他还俗为官，封妻荫子，光宗耀祖。智深说：“洒家心已成灰，不愿为官，只图寻个净了去处，安身立命足矣。”宋江又劝他当个名山大寺的住持，他一口回绝：“都不要！要多也无用。只得个囫囵尸首，便是强了。”意思是要个完整的尸首就不错了。

为何心已成灰？替天行道变质。鲁智深是明确反对招安①的，一针见血地指出满朝文武多是奸邪之辈。之所以没散伙还跟着宋江，完全是尽兄弟之义。梁山军被朝廷用作“以贼灭贼”的棋子，东讨南征，一场场鏖战②，将士们血肉横飞，惨死大半，宋江等热衷于换取名利，他的心寒了。

多少厮杀往事，几度血火春秋，如今他急流勇退，什么都不要，只想找个清静的地方。此生不还俗，一身僧装到底。这就是鲁智深，清醒独立，卓然超群。结果是，宋江等人最后让朝廷一个一个害死了。

八月十五中秋夜，在杭州六和寺，鲁智深听到钱塘江潮声大作，如雷鸣战鼓铺天盖地而来，寺中僧人告诉他那是潮信。智深忽然想起师父智真送他的偈语：“逢夏而擒，遇腊而执，听潮而圆，见信而寂。”果然应验了活捉夏侯成，生擒方腊。

---

① 招安：旧时指统治者用笼络的手腕使武装反抗者或盗匪投降归顺。

② 鏖（áo）战：激烈地战斗；苦战。

智深拍掌笑着问明圆寂之意，笑道："既然死乃唤作圆寂，洒家今夜必当圆寂。"

于是，他沐浴更衣，写了颂语，焚一炉好香，盘腿打坐，圆寂涅槃。留颂曰："平生不修善果，只爱杀人放火。忽地顿开金绳，这里扯断玉锁。咦！钱塘江上潮信来，今日方知我是我。"

看世间，多少英雄白头，多少美人迟暮，朝生暮死，脂粉变白骨，都不曾思考、认识真正的自己是什么。鲁智深临终绝笔，扯断的是名缰利锁、爱恨情仇的纠缠。"今日方知我是我"，那是不带半点水分的大彻大悟啊！

他是顶天立地的汉子，鲁莽不羁的外表下有颗慈悲纯真的心。不计荣辱得失，没有放弃一个救助的机会，处处为了别人，从没有考虑到自己。吃亏的事他全做，占便宜的事他一点儿也不要。人间路万条，没有什么比寻求解脱悟道更重要的了。鲁智深的一生充满放弃又不断完善，这么个豪侠，从不守清规的酒肉和尚到一步步走向莲台，修成正果。

简单到最后，就是智慧。

鲁智深是什么？是一种精神，是一种高贵，是一种令人心仪的气质，是《水浒传》这部小说给我们树立的一个人格精神坐标。

单元学习任务

任务一

1. 补全回目：

（1）史大郎夜走华阴县，______ 拳打镇关西

（2）梁山泊 ______ 落草，汴京城 ______ 卖刀

2. 杨志在汴梁卖刀时因不堪牛二的撩拨将他杀了，后怕连累他人主动去官府自首；鲁智深替金氏父女打抱不平，三拳打死镇关西后用智逃脱。你怎么评价这两位英雄好汉的做法？

____

____

任务二

鲁智深是《水浒传》中深受读者喜爱的一个人物形象，他本名鲁达，绰号花和尚。他是渭州经略府提辖，因打抱不平三拳打死恶霸镇关西，为了躲避官府缉捕便出家做了和尚，法名智深。后又因搭救林冲，流落江湖，与杨志、武松一同在二龙山落草。请阅读《水浒传》中其他描写鲁智深的章节，记录下他的人生轨迹、英雄事迹和个性特征，为他写一篇小传。

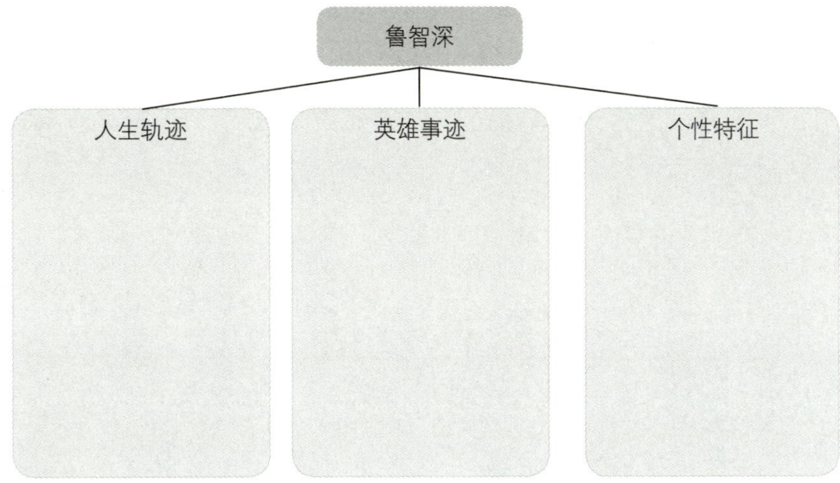

任务三

《水浒传》对人物的刻画入木三分、活灵活现。请同学们借鉴本单元文章描写人物的方法，选择自己熟悉的一位同学进行精心刻画，注意隐去这位同学的姓名。写完之后在班内交流，看看大家能否猜出你描写的是哪位同学。

儒林夜话

《儒林外史》是我国古代最为优秀的讽刺小说之一，吴敬梓用他敏锐的洞察力、丰富的个人生活体验与鲜明的爱憎情感，写出了这部杰出巨著。鲁迅认为该书思想内容“秉持公心，指摘时弊”。小说围绕着功名富贵这根主轴，穷尽儒林世相，尽现世态人心，反映了在科举制度下文人士子的种种丑态与作者的深远思考。它透过人生百态，展现出当时的官僚制度、人伦关系和整个社会风气。

阅读过程中，要学习小说细致生动地刻画人物性格的方法，并尝试运用这些写作方法刻画身边熟悉的人物；能独立自主地探究问题，学习运用点评的方式表述自己的观点。

1. 周学道校士拔真才①

⊙〔清〕吴敬梓

话说周进在省城要看贡院，金有余见他真切，只得用几个小钱同他去看，不想才到天字号，就撞死在地下。众人多慌了，只道一时中了恶。行主人道："想是这贡院里久没有人到，阴气重了，故此周客人中了恶。"金有余道："贤东，我扶着他。你且去到做工的那里借口开水来灌他一灌。"行主人应诺，取了水来，三四个客人一齐扶着灌了下去。喉咙里咯咯的响了一声，吐出一口稠涎来。众人道："好了！"扶着立了起来。周进看着号板又是一头撞将去。这回不死了，放声大哭起来。众人劝着不住。金有余道："你

科举制弱化了知识分子的生存能力，中举是他们唯一的生活目标，写八股文是他们唯一的生活技能，周进知道自己无法自食其力，因此撞板。作者揭示了科举制度对人性的异化作用，也指出了科举制度下读书人性格的社会根源。

① 选自《儒林外史》第三回"周学道校士拔真才　胡屠户行凶闹捷报"，题目为编者加。

看这不是疯了么？好好到贡院来耍，你家又不曾死了人，为甚么这样号啕痛哭是的？”周进也不听见，只管伏着号板哭个不住。一号哭过，又哭到二号、三号，满地打滚，哭了又哭，哭的众人心里都凄惨起来。金有余见不是事，同行主人一左一右架着他的膀子。他那里肯起来，哭了一阵，又是一阵，直哭到口里吐出鲜血来。

这一处传神的神态、动作描写，把科举制对儒生们的折磨与毒害体现得淋漓尽致，老童生内心的酸苦、绝望与希望倾泻无遗。

众人七手八脚将他扛抬了出来，贡院前一个茶棚子里坐下，劝他吃了一碗茶，犹自索鼻涕，弹眼泪，伤心不止。内中一个客人道：“周客人有甚心事？为甚到了这里，这等大哭起来？却是哭得厉害。”金有余道：“列位老客有所不知。我这舍舅本来原不是生意人。因他苦读了几十年的书，秀才也不曾做得一个，今日看这贡院就不觉伤心起来。”只因这一句话，道着周进的真心事，于是不顾众人，又放声大哭起来。又一个客人道：“论这事只该怪我们金老客。周相公既是斯文人，为甚么带他出来做这样的事？”金有余道：“也只为赤贫之士，又无馆做，没奈何上了这一条路。”又一个客人道：“看令舅这个光景，毕竟胸中才学是好的。因没有人识得他，所以受屈到此田地。”金有余道：“他才学是有的，怎奈时运不济！”那客人道：“监生也可以进场。周相公既有才学，何不捐他一个监进场？中了，也不枉了今日这一番心事。”金有余道：“我也是这般想，只是那里有这一注银子！”此时周进哭的住了。那客人道：“这也不难。现放着我这几个弟兄在此，每人拿出几十两银子，借与周相公纳监进场。若中了做官，那在我们这几两银子！就是周相公不还，我们走江湖的人，那里不破掉了几两银子！何况这是好事。你众位意下如何？”众人一齐道：“君子成人之美。”……

次日，四位客人果然备了二百两银子交与金有余。一切多的使费，都是金有余包办。周进又谢了众人和金有余。行主人替周进备一席酒请了众位。金有余将着银子上了藩库，讨出库收来。

正值宗师来省录遗，周进就录了个贡监首卷。到了八月初八日进头场，见了自己哭的所在，不觉喜出望外。自古道“人逢喜事精神爽”，那七篇文字做的花团锦簇一般。出了场，仍旧住在行里。金有余同那几个客人还不曾买完了货。直到放榜那日，巍然中了。……看看上京会试，盘费、衣服，都是金有余替他设处。到京会试又中了进士，殿在三甲，授了部属。

故事竟然发生了喜剧性的突变，号啕的周进竟然因着“荐场”的功用中了进士，成了“人上之人”！此处也为周进“提拔”范进做了铺垫。

荏苒三年，升了御史，钦点广东学道。这周学道虽也请了几个看文章的相公，却自心里想道：“我在这里面吃苦久了，如今自己当权，须要把卷子都要细细看过，不可听着幕客，屈了真才。”主意定了，到广州上了任。

次日，行香挂牌。先考了两场生员。第三场是南海、番禺两县童生。周学道坐在堂上，见那些童生纷纷进来，也有小的，也有老的，仪表端正的，獐头鼠目的，衣冠齐楚的，褴褛破烂的。落后点进一个童生来，面黄肌瘦，花白胡须，头上戴一顶破毡帽。广东虽是地气温暖，这时已是十二月上旬，那童生还穿着麻布直裰，冻得乞乞缩缩，接了卷子下去归号。周学道看在心里，封门进去。出来放头牌的时节，坐在上面，只见那穿麻

还记得《范进中举》中对这位老童生的描写吗？对比来读一读。

布的童生上来交卷。那衣服因是朽烂了，在号里又扯破了几块。周学道看看自己身上，绯袍金带，何等辉煌！因翻一翻点名册，问那童生道：“你就是范进？”范进跪下道：“童生就是。”学道道：“你今年多少年纪了？”范进道：“童生册上，写的是三十岁，童生实年五十四岁。”学道道：“你考过多少回数了？”范进道：“童生二十岁应考，到今考过二十余次。”学道道：“如何总不进学？”范进道：“总因童生文字荒谬，所以各位大老爷不曾赏取。”周学道道：“这也未必尽然。你且出去，卷子待本道细细看。”范进磕头下去了。

那时天色尚早，并无童生交卷。周学道将范进卷子用心用意看了一遍，心里不喜道：“这样的文字，都说的是些甚么话！怪不得不进学！”丢过一边不看了。又坐了一会还不见一个人来交卷，心里又想道：“何不把范进的卷子再看一遍？倘有一线之明，也可怜他苦志。”从头至尾又看了一遍，觉得有些意思。

同情和提携同样出身下层、同样屡试不第的范进，表明周进秉性忠厚，迂而不恶，写出了他性格的复杂面。在这个醉心于科举，而心术并未大坏的读书人身上，更可见出科举制对士子灵魂的侵蚀之深。

正要再看看，却有一个童生来交卷。那

童生跪下道:“求大老爷面试。”学道和颜道:“你的文字已在这里了，又面试些甚么?”那童生道:“童生诗词歌赋都会，求大老爷出题面试。”学道变了脸道:“‘当今天子重文章，足下何须讲汉唐!’像你做童生的人，只该用心做文章，那些杂览，学他做甚么!况且本道奉旨到此衡文，难道是来此同你谈杂学的么?看你这样务名而不务实，那正务自然荒废，都是些粗心浮气的说话，看不得了。左右的，赶了出去!”一声吩咐过了，两旁走过几个如狼似虎的公人。把那童生叉着膊子，一路跟头叉到大门外。

周学道虽然赶他出去，却也把卷子取来看看。那童生叫作魏好古，文字也还清通。学道道:“把他低低的进了学罢。”因取过笔来，在卷子尾上点了一点，做个记认。又取过范进卷子来看。看罢，不觉叹息道:“这样文字，连我看一两遍也不能解，直到三遍之后，才晓得是天地间之至文，真乃一字一珠!可见世上糊涂试官，不知屈煞了多少英才!”忙取笔细细圈点，卷面上加了三圈，即填了第一名。又把魏好古的卷子取过来，

此前的黜落与此刻的高中，竟是以考官的个人喜恶为评判标准的结果，这极大地讽刺了科举制度的荒诞和悖谬。

填了第二十名。将各卷汇齐，带了进去。发出案来，范进是第一。谒见那日，着实赞扬了一回。点到二十名，魏好古上去，又勉励了几句“用心举业，休学杂览”的话，鼓吹送了出去。

学习提示

读了本文，相信你对范进能够中举的缘由，以及古代科举制度对读书人的毒害有了更深一层的体会。第一段为了表现周进大半生追求功名富贵却求之不得的辛酸悲苦，运用了极度夸张的描写，如“周进也不听见，只管伏着号板哭个不住。一号哭过，又哭到二号、三号，满地打滚，哭了又哭，哭的众人都凄惨起来”。请结合文中批注，勾画类似的夸张情节和细致的描写，体悟作者对科举制度的讽刺与批判。

2. 严监生疾终正寝[1]

⊙〔清〕吴敬梓

除夕晚上，严监生想起了亡妻王氏，大哭了一场。因此，新年不出去拜节，在家哽哽咽咽，不时哭泣；精神颠倒，恍惚不宁。

过了灯节后，就叫心口疼痛。初时撑着，每晚算账，直算到三更鼓。后来就渐渐饮食不进，骨瘦如柴，又舍不得银子吃人参。赵氏劝他道："你心里不自在，这家务事就丢开了罢。"他说道："我儿子又小，你叫我托那个？我在一日，少不得料理一日！"不想春气渐深，肝木克了脾土，每日只吃两碗米汤，卧床不起。

明明家财万贯的严监生，此时生病了竟"舍不得银子吃人参"，令人啼笑皆非。

及到天气和暖，又强勉进些饮食，挣起

① 选自《儒林外史》第五回"王秀才议立偏房　严监生疾终正寝"，题目为编者加，选入时内容有删改。

来家前屋后走走。挨过长夏，立秋以后病又重了，睡在床上。想着田上要收早稻，打发了管庄的仆人下乡去，又不放心，心里只是急躁。

那一日，早上吃过药，听着萧萧落叶打的窗子响，自觉得心里虚怯，长叹了一口气，把脸朝床里面睡下。赵氏从房外同两位舅爷进来问病，就辞别了到省城里乡试去。严监生叫丫鬟扶起来，勉强坐着。王德、王仁道："好几日不曾看妹丈，原来又瘦了些，喜得精神还好。"严监生请他坐下，说了些恭喜的话，留在房里吃点心，就讲到除夕晚里这一番话，叫赵氏拿出几封银子来，指着赵氏说道："这倒是他的意思，说姐姐留下来的一点东西，送给二位老舅添着做恭喜的盘费。我这病势沉重，将来二位回府，不知可会的着了？我死之后，二位老舅照顾你外甥长大，教他读读书，挣着进个学，免得像我一生，终日受大房里的气！"两位接了银子，每位怀里带着两封，谢了又谢，又说了许多安慰的宽心话，作别去了。

这个细节让我们看到一个颇有人情味的严监生，他将死时还不忘把小儿托付给两个舅爷，并再三嘱咐，可见严监生对儿子的爱。

自此，严监生的病，一日重似一日，再

不回头。诸亲六眷，都来问候，五个侄子穿梭的过来陪郎中弄药。

到中秋以后，医生都不下药了。把管庄的家人，都从乡里叫了上来。病重得一连三天不能说话。

这两处是典型的细节描写。一、“病重得一连三天不能说话”，突出其已病入膏肓。二、写出了他已气息奄奄。而“总不得断气”说明他即将断气；“伸着两个指头”这一动作描写，则表明他还有事要叮嘱。

晚间，挤了一屋的人，桌上点着一盏灯。严监生喉咙里，痰响得一进一出，一声不倒一声的，总不得断气，还把手从被单里拿出来，伸着两个指头。

大侄子走上前来问道：“二叔！你莫不是还有两个亲人不曾见面？”他就把头摇了两三摇。二侄子走上前来问道：“二叔！莫不是还有两笔银子在那里，不曾吩咐明白？”他把两眼睁得溜圆，把头又狠狠摇了几摇，越发指得紧了。

奶妈抱着哥子插口道：“老爷想是因两位舅爷不在跟前，故此记念？”他听了这话，把眼闭着摇头，那手只是指着不动。

赵氏慌忙揩揩眼泪，走近上前道：“老爷！别人都说的不相干，只有我晓得你的意思！”

赵氏分开众人，走上前道：“爷，只有我能知道你的心事。你是为那灯盏里点的是两茎灯草，不放心，恐费了油，我如今挑掉一茎就是了。”说罢，忙走过去挑掉一茎。众人看严监生时，点一点头，把手垂下，登时就没了气。

这一细节描写成为中国文学史上极著名的一例，它对那些悭吝乡绅的揭露讽刺可谓入木三分，同时也为严监生的性格塑造添上了极传神的一笔。

合家大小号哭起来，准备入殓，将灵柩停在第三层中堂内。次早着几个家人、小厮，满城去报丧。族长严振先，领着合族一班人来吊孝，都留着吃酒饭，领了孝布回去。

学习提示

严监生是《儒林外史》中经典的吝啬鬼形象。中国文学史上有“四大吝啬鬼”形象，除了严监生，还有钱锺书《围城》中的李梅亭、徐复祚《一文钱》中的卢至、《庄子·外物篇》中的监河侯。细读文章，请从文中找出严监生吝啬的表现，反复咀嚼品味，体会作者描写方法的高明巧妙。

1.《范进中举》的双重喜剧性（节选）

⊙孙绍振

范进中了秀才，又想考举人，向胡屠户借旅费，胡屠户不但不借，而且丝毫不顾及范进的自尊心，将自己的精神优越感转化为野蛮的行为——“一口啐在脸上”，公然侮辱他，还大言不惭地说，举人是天上文曲星下凡的，应该像城里举人府上的老爷那样，一个个方面大耳，可范进却尖嘴猴腮，应该撒泡尿照照自己，“不三不四就想吃天鹅屁”。他用语极端恶毒，依照的完全是一种迷信愚昧的逻辑，对自己女婿的狼狈和贫困，不但没有同情，反以侮辱为乐。而范进却并没有什么特别的愤懑。吴敬梓的叙述话语惊人地简洁而深厚：

> 一顿夹七夹八，骂的范进摸不着门，辞了丈人回来。

一个读圣贤书的人被人损到这种程度，居然一点反抗都没有。吴敬梓正面写的是胡屠户对范进的蔑视，侧面暗示的是范进对这种精神上的侮辱、损害已经习惯了。对于人格和自尊被糟蹋，没有什么感觉，完全麻木了。

后来范进中了举人，却疯了。为了治疗范进的疯狂，有人建议胡屠户打范进一耳光，告诉范进根本没有中，他却不敢了。精神优越感顿时变成了精神自卑感。这时的胡屠户好像变成了另外一个人，但是，他的思维逻辑却是一以贯之的。在他的情感深处，真诚地以为举人都是天上的文曲星下凡，即使为了救这文曲星的命，他也缺乏勇气。他这样说：

“虽然是我女婿，如今却做了老爷，就是天上的星宿。天上的星宿是打不得的！我听得斋公们说，打了天上的星宿，阎王就要拿去打一百铁棍，发在十八层地狱，永不得翻身。”

吴敬梓的天才集中表现在胡屠户的恐怖来源于他自己的个性逻辑。这种逻辑的特点是：第一，表面上是迷信逻辑，实质上是一种根深蒂固的势利；第二，这种逻辑是极端荒谬的、可笑的，带着很强的喜剧性。齐省堂增订本《儒林外史》评语说：

妙人妙语。这一作难，可谓妩媚之至。

胡屠户这样的语言，明明是很丑恶的，怎么会“妩媚之至”呢？这是因为胡屠户的势利，具有迷信的显而易见的逻辑荒谬。这种逻辑之所以可笑，不但因为它荒谬，而且因为胡屠户的执着，执着到自相矛盾却不自知。一方面是，前后反差巨大，本来应该会引起惭愧之感的；另一方面是，这本来应该是内心的隐私，一般人是不会公然讲出来的，而这个胡屠户却心直口快地说了出来，而一旦说出来，他往日那种病态的自尊、自大，那种精神优越感就变成了自卑感。这种自卑固然可鄙，然而又可怜、可笑。此时的胡屠户，已经不是施害者，而是自己为自己的观念所苦的人了。这就不但是可笑，而且有点天真，有点可爱，有点“妩媚”了。在这里，吴敬梓对胡屠户当然有所揭露，但同时有调侃；在调侃中，又有悲悯之情。越到后来，胡屠户越为自己的观念所苦，吴敬梓就越来越宽容了。胡屠户还从一个滥施侮辱者变成了被嘲弄者。邻居内一个“尖酸”人说道：

“罢么！胡老爹，你每日杀猪的营生，白刀子进去，红刀子出来，阎王也不知叫判官在簿子上记了你几千条铁棍；就是添上这一百棍，也打甚么要紧？只恐把铁棍子打完了，也算不到这笔账上来。或者你救好了你女婿的病，阎王叙功，从地狱里把你提上第十七层来，也未可知。”

这表面上是邻居的嘲弄，实际上是吴敬梓遵循着胡屠户的迷信逻辑，推导出了和胡屠户相反的结论，使胡屠户处于荒谬的两难之中，越发显得可笑。接下去的“连斟两碗酒喝了，壮一壮胆”，虽然仅仅是叙述，但是也很精彩，写出胡屠户为自己的迷信所苦的可笑，又为情势所逼的可爱。他硬着头皮打了范进一耳光，使范进清醒过来以后，胡屠户的感觉，肯定是吴敬梓的神来之笔：

不觉那只手隐隐的疼将起来；自己看时，把个巴掌仰着，再也弯不过来。自己心里懊恼道：“果然天上‘文曲星’是打不得的，而今菩萨计较起来了。”想一想，更疼的狠了，连忙向郎中讨了个膏药贴着。

这是吴敬梓对胡屠户的调侃，又进了一步，使胡屠户变得更加可笑、更加可恨、更加好玩、更加可爱了。可恶的胡屠户变得可笑、可爱的原因是，他的虚幻的自卑感变成了严重的负罪感。吴敬梓的改变原始素材的功力，就在于超越了实用的价值，进入人物的非理性的情感世界。感动我们的不再是实用的心理治疗方法，而是不实用的情感变幻奇观。

到此，胡屠户的内心已经经历了三个阶段。第一个阶段是自尊自大，充满物质的和精神的优越感；第二阶段是丧失了优越感，充满了自卑感；第三阶段则是自卑变成了自我折磨的负罪感。但吴敬梓对他的调侃还没有完结，接着是第四个阶段：当人家嘲弄他说，他这打过文曲星的手杀不得猪了。胡屠户说：

> "我哪里还杀猪！有我这贤婿，还怕后半世靠不着也怎的？我每常说，我的这个贤婿才学又高，品貌又好，就是城里头那张府和周府这些老爷，也没有我女婿这样一个体面的相貌！你们不知道，得罪你们说，我小老这一双眼睛，却是认得人的。想着先年，我小女在家里长到三十多岁，多少有钱的富户要和我结亲，我自己觉得女儿像有些福气的，毕竟要嫁与个老爷。今日果然不错！"说罢，哈哈大笑。

他如此迅速地忘却了自卑感和负罪感，迅速恢复了自豪感。而这种自豪感，比之开初所说的，更加自相矛盾，更加荒谬，更加虚幻，更加不可信；但是，他又更加坦然。这种大言不惭的自白，除了自我暴露，自我安慰，自鸣得意以外，没有任何人相信。吴敬梓把胡屠户置于这样一种境地。他所说的一切，目的是让听者尊敬自己，可是实际上却是自我丑化。这已经是很可笑了，更可笑的是，胡屠户自己却没有任何可笑的感觉。这与此前范进感觉不到自己的可悲一样深邃。请看范进回家时的情景：

> 屠户和邻居跟在后面。屠户见女婿衣裳后襟滚皱了许多，一路低着头替他扯了几十回。到了家门，屠户高声叫道："老爷回府了！"

这里十分深刻地提示了，胡屠户的自豪感是建立在对于权势者的依附感上的。等到他视为"老爷"的张乡绅来临，他就"连忙躲进女儿房里，不敢出来"。他大呼小叫的自豪感是和自卑感互为表里的。

范进的内心又与胡屠户互为表里，也经历了三个发展阶段：第一阶段，是完全没有麻木的自卑感；第二阶段，是没有正常感觉的疯狂和昏迷；第三阶段，最鲜明的表现则是范进和张乡绅见面的一幕。原文这样写道：

> 张乡绅攀谈道："世先生同在乡梓，一向有失亲近。"范进道："晚生久仰老先生，只是无缘，不曾拜会。"

张乡绅说的明明是假话，当范进穷得叮当响的时候，富有的乡绅哪里会把他当作"乡梓"？哪里会有意来和他"亲近"？范进的回答也是假话，连自己杀猪的丈人都对他无端侮辱，哪还敢拜会什么有权有势的人士？范进和张乡绅的对话最明显的特点，就是所说的话与实际相去甚远。虽然完全不顾事实，却符合官场的身份和礼仪的规范。吴敬梓的才华在于，让他的人物把假话说得心照不宣，一点儿没有心理障碍。吴敬梓揭示出，这不是一般的客气话，而是客套话。一般的客气话是虚伪，而客套话就是说着虚伪的话而没有虚伪的感觉，甚至是肉麻的话也没有肉麻的感觉。张乡绅送了五十两银子，叫他权且收着，又看着范进的破草屋，说："这华居其实住不得，将来当事拜往，俱不甚便。"马上又奉送三进三间的房屋，特地说明目的不过是自己"早晚也好请教些"。所有这些用语，都以与实际情况尖锐反差为特点。一连串的假话充满反讽，连他的破草屋都说成"华居"，白送住房，不说是为了奉承，而是说为了自己拜会，为了自己来请教方便。范进此时，虽然对于成套的假话对答如流，但是，对于突如其来的厚礼还未习惯，不免有点书呆子气地"再三推辞"，而张乡绅却说出这样的话："你我年谊世好，就如至亲骨肉一般。"对于这样肉麻的话，范进从容应对，但毕竟如胡屠户所说的"烂忠厚"，还是和张乡绅有一点距离。但是，这一切对答如流的假话，越是假得不可开交，喜剧性越是得到了强化。

范进中举的喜剧性已经是够淋漓尽致的了，可吴敬梓还觉得不过瘾，特地又加上了一个尾声：接着又有许多人来送田产、送店房，甚至投身为奴仆的，两三个月之间，范进家里，不但陈设豪华，而且仆妇成群。他的母亲，还以为房子家具是从他

人借用的,叮嘱家人不要弄坏了。当得知这一切都属于自己之时:

> 老太太听了，把细磁碗盏和银镶的杯盘逐件看了一遍，哈哈大笑道：“这都是我的了！”大笑一声，往后便跌倒。忽然痰涌上来，不省人事。

最后竟然不治而死。同样一个人，中举前后发生如此巨大的反差，这就难怪范进得知自己真的中举，要兴奋得发狂了。从这个意义上来说,吴敬梓在这里,揭示了范进性格的社会环境。中举之前，备受欺凌和侮辱；中举之后，受尽无端的馈赠。这样的社会陈规，就造成范进的精神心性的麻木，先是由于卑微而麻木，后是因为暴喜而发疯（这是最大的麻木），最后是虚伪的奉承中不觉虚伪的麻木。这种喜剧性的发展暴露了一个“烂忠厚”的读书人的灵魂走向泯灭的过程。

范母之死，可以说是神来之笔，把喜剧性发挥得痛快淋漓，是范进中举昏迷的高潮之后的又一高潮。这个经典片段因此就具有了双重高潮。难能可贵的是，这种双重性，不仅仅是形式上的，而且是风格上的。第一度高潮，是单纯喜剧性的；第二度高潮，带来了一点悲剧的色彩。大喜付出大代价，幸运与代价成正比，使悲剧的死亡变得可笑。悲喜的反差更加显出喜剧的怪异。范进的喜极而狂能得救，而其母的喜极而亡却无救。这其中包含着多层次的对照：一是其母乐极生悲与其子范进乐极生悲、悲而复乐的对照；二是死亡之悲，与整个富贵喜庆氛围的对照。多重对照使得结局的荒谬意味变得非常丰富。

2. 吴敬梓的小说《儒林外史》（节选）

⊙何其芳

《儒林外史》批判了一些什么丑恶的事物呢？

读过这部小说的人都会回答：它首先批判了当时的科举制度。封建社会的科举制度，用考试诗赋或经义等办法来选拔封建统治的忠实的拥护者，本来创始于隋唐。但到了明代，这种制度有一变化，就是变为主要考八股文。八股文的特点，一在于它的题目限于“四书五经”以内的文句，而且作者要模仿古人的口气，不准称引三代以下的事情，不准侵犯题目以下的文字的意思；二在于它的格式是完全规定死的，甚至字数都有一定的限制。这样的变化是反映了封建地主阶级日益感到它的统治不很巩固，因而它的统治办法日益严厉的。这样的科举制度所要求的是没有头脑的鹦鹉式的学舌者，是完全循规蹈矩的顺臣。明末清初的有名的思想家都是反对以八股取士的制度的。然而，他们不可能理解这种制度是封建社会发展到一定阶段以后的必然产物，因而他们常常只把它当作一个单纯的取士制度来加以批评，而且他们中的某些人更企图用一些改良的办法加以补救。吴敬梓对于科举制度的根本认识虽然也不能说超过了当时的时代限制，但他通过生动的文学形象，把这种制度的毒害揭发得很深，而且提出了一些完全和它对立的思想，因而就比某些明末清初的思想家批评得更为彻底了。

…………

《儒林外史》对于某些封建道德的虚伪的揭露也是很引人注目的。虽说有些封建道德，比如孝悌，吴敬梓把它们当作很重要的美德，在小说中加以宣扬，加以理想化，然而他却又从现实中感到了并且写出了两种虚伪。一种是许多在口头上讲封建道德而在行为上却刚好相反的虚伪；一种是某些封建道德的本身的虚伪。像王德、王仁，一个是府学廪膳生员，一个是县学廪膳生员，嘴里说“我们念书的人，全在纲常上做工夫”，但眼睛里看见的、心里想着的却是银子。他们受了贿赂，就毫无心肝地在他们的亲妹妹害病害得快要死去的时候，忙着帮助妹夫严监生把小老婆立为正室，而且替他做了一篇“甚是恳切”的“告祖先的文”，告过祖宗，然后举行扶正典礼，而他们的亲妹妹就在这“大厅、二厅、书房、内堂屋，官客并堂客，共摆了二十多桌酒席，吃到三更时分”的热闹中断了气。像五河县的那些余、虞两家的进士、举人、贡生、监生、秀才，不送自己族中的长辈入节孝祠，却成群结队地恭恭敬敬地去送“又是乡绅，又是盐典”的外姓富豪家的死人。从这一类现象，作者不能不感到封建道德在金钱和势力的面前的完全破产。写王玉辉的女儿自杀殉夫，那是尤为深刻的。按照书中的描写，王玉辉是一个“做了三十年的秀才”的“迂拙的人”，而且立志编纂“一部礼书、一部字书、一部乡约书”来“嘉惠来学”。这样的人应该属于作者心目中的肯定人物之列。然而由于他对于封建道德的坚决的信奉，他鼓励他的女儿自杀殉夫。他向他的女儿说：“这是青史上留名的事，我难道反拦阻你！你竟是这样做罢！”他的妻子骂他“越老越呆”，他仍然坚持他的看法，认为这不是她所能理解。等到他的女儿真的绝食殉夫以后，他对他的老伴说：“你哭他怎的？他这死的好。只怕我将来不能像他这一个好题目死哩。”接着仰天大笑道：“死的好！死的好！”但他到了大家送他的女儿入烈女祠举行公祭的时候，他却“转觉心伤，辞了不肯来”。以后因为在家天天看见妻子悲恸，就到外地去游玩，借以排遣。但他“一路上看着水色山光”，仍然“悲悼女儿，凄凄惶惶”。到了苏州，他看见妇女穿着鲜艳的衣服，在游船里坐着吃酒，他的迂腐的道学气使他在心里想道：“这苏州风俗不好，一个妇人家不出闺门，岂有个叫了船在这河里游荡之理。”但当他看见船上一个少年穿白的妇人，他却又想起了他的女儿，“心里哽咽，那热泪直滚出来”。这样一段有名的常被引用的描写，十分动人地表现出来了吃人的礼教的本质，表现出来了封建统治阶级所提倡的烈女殉夫之类是多么野蛮、残酷，多么违反人性。作者就这样一个有道学气的人物在这样一个事件上写出了他的内心矛盾，他的精神分裂，他所信奉的封建教条同作为一个普通人的父爱和良心的冲突，就像一把犀利的剑一样一直刺到了封建道德封建礼教的深处。

《儒林外史》的辛辣的讽刺还投向了悭吝的地主，投向了封建地主阶级的帮闲。严监生、胡三公子都是“有钱癖，思量多多益善”的人物。严监生因为心痛灯盏里点了两根灯草，费了油，以至临死伸着两个指头，不肯断气，这个场面是读过这部小说的人都不能忘记的。悭吝，那是贪婪的一种表现形式，正是封建地主阶级的特性之一。作者在这部小说里嘲笑了这种剥削阶级的特性，而对于各种轻视金钱的人物却给予了同情和赞扬。和封建官僚相勾结，和高利贷剥削相结合并且本身常常也是大地主的盐商，也是这部小说里的一种嘲讽的对象。书中嘲讽了他们的冒充风雅，忌讳自己的出身的微贱，并且揭露了他们的骄奢淫逸、仗势欺人。此外，作者还描写了一批依附封建地主阶级和盐商生活的帮闲，一批“斗方名士”。这类人物的心理，可以用牛浦郎的想法为代表。牛浦郎在牛布衣的诗稿上看见题目上写着“呈相国某大人”“怀督学周大人”等之后，就想道：“可见只要会做两句诗，并不要进学、中举，就可以同这些老爷们往来，何等荣耀！”牛浦郎这样一个十七八岁的小厮，突然有此念头，而且从此就堕落到卑鄙无耻的地步，在描写过程上好像有些不近情理，然而作者的用意却是想通过这样一些人物，从科举制度以外的另一个方面来写出当时的社会的腐败。这样一些人物的存在，不但是由于想和达官贵人往来的虚荣心，而且由于这样就可以过寄生的生活。在被剥削被压迫的农民群众的上面，存在着庞大的不劳而食的社会层，其中不但有官僚、地主，而且还有各种各样的寄生虫。这正是封建社会的真实面貌。

概括说来，《儒林外史》所批判的事物主要就是这些。虽然它还不曾对整个封建社会制度提出怀疑，只是批判了一些丑恶的事物，这些批判仍然是引向了一个总的结果，仍然是批判了封建社会。吴敬梓是以“功名富贵”“文行出处”这样八个字来作为他所反对的和肯定的人物的分界。他认为热衷“功名富贵”就必然会看轻“文行出处”，讲求“文行出处”就必然会轻视“功名富贵”。而科举制度正是追求“功名富贵”的主要道路，也是败坏“文行出处”的主要道路。这就是吴敬梓企图通过《儒林外史》来表现的他的基本思想。从我们今天的观点看来，决定封建社会必然日趋腐败的并不是它的个别制度，而是整个的封建制度和整个的封建地主阶级的统治。然而，正和其他杰出的现实主义的作品一样，《儒林外史》描写的社会生活所表现出来的客观意义，是远为超过了作者的主观意图的。它通过对以上所说的那些丑恶的事物以及其他事物的批判，使人感到整个的封建社会、整个的封建统治是不合理的，应该为一种新的健全的东西所代替。这就是《儒林外史》在它的思想内容方面的最重要的成就。

单元学习任务

任务一

何其芳对《儒林外史》的思想内容进行了阐释，点明了这部作品的现实意义，使我们对封建制度的不合理之处有了更深的认识。请尝试以《范进中举》为例，说说你看到的封建制度和科举制度存在哪些不合理的地方。

任务二

《儒林外史》中人物众多，形象繁杂，请你从不同角度对人物进行梳理，试着完成下面的表格。

作品	类别	人物	思考
《儒林外史》	（1）______形象	杜少卿 沈琼枝 虞育德	在阅读人物众多的小说作品时，对人物进行分类整理有何作用？ 我的理解：______
	腐儒的形象	（2）______ 周　进 匡超人	
	（3）______形象	牛浦郎 潘　三 严监生	
	不屑科考的形象	杜少卿 庄绍光 （4）______	

三国风云

“滚滚长江东逝水，浪花淘尽英雄。是非成败转头空，青山依旧在，几度夕阳红。”《三国演义》演绎了一段波澜壮阔的历史。三国纷争，究竟是权力的较量，还是智者的比拼？随着时代的变迁，人们的价值观不断改变，可无论是与非，三国故事仍将继续流传，因为它塑造出那么多个性鲜明的人物：忠肝义胆的关云长，挂印封金，过五关斩六将；智慧卓绝的诸葛亮，空城妙计，以一抵十退敌军……而它所蕴含的博大精深的思想，必将启迪人们不断思考，成为人们文艺创作的不竭源泉。

阅读本单元文章，要学会用细腻传神的语言来表现人物的性格特点，用景物描写烘托人物形象，通过人物之间的彼此衬托来表现人物精神品质的写作方法。

1. 空城计[①]

⊙〔元末明初〕罗贯中

却说孔明自令马谡等守街亭去后，犹豫不定。忽报王平使人送图本至。孔明唤入，左右呈上图本。孔明就文几上拆开视之，拍案大惊曰："马谡无知，坑陷吾军矣！"左右问曰："丞相何故失惊？"孔明曰："吾观此图本，失却要路，占山为寨。倘魏兵大至，四面围合，断汲水道路，不须二日，军自乱矣。若街亭有失，吾等安归？"长史杨仪进曰："某虽不才，愿替马幼常回。"孔明将安营之法，一一吩咐与杨仪。正待要行，忽报马到来，说："街亭、列柳城，尽皆失了！"孔明跌足长叹曰："大事去矣！此吾之过也！"急唤关兴、张苞吩咐曰："汝二人各引三千精兵，投武功山小路而行。如遇魏兵，不可大击，只鼓噪呐喊，为疑兵惊之。彼当自走，亦不可追。待军退尽，便投阳平关去。"又令张冀先引军去修理剑阁，以备归

---

① 选自《三国演义》第九十五回"马谡拒谏失街亭　武侯弹琴退仲达"，题目为编者加。

路。又密传号令，教大军暗暗收拾行装，以备起程。又令马岱、姜维断后，先伏于山谷中，待诸军退尽，方始收兵。又差心腹人，分路报与天水、南安、安定三郡官吏军民，皆入汉中。又遣心腹人到冀县搬取姜维老母，送入汉中。

孔明分拨已定，先引五千兵退去西城县搬运粮草。忽然十余次飞马报到，说："司马懿引大军十五万，望西城蜂拥而来！"时孔明身边别无大将，只有一班文官，所引五千兵，已分一半先运粮草去了，只剩二千五百军在城中。众官听得这个消息，尽皆失色。孔明登城望之，果然尘土冲天，魏兵分两路望西城县杀来。孔明传令，教："将旌旗尽皆隐匿，诸军各守城铺，如有妄行出入，及高言大语者，斩之！大开四门，每一门用二十军士，扮作百姓，洒扫街道。如魏兵到时，不可擅动，吾自有计。"孔明乃披鹤氅，戴纶巾，引二小童携琴一张，于城上敌楼前，凭栏而坐，焚香操琴。

却说司马懿前军哨到城下，见了如此模样，皆不敢进，急报与司马懿。懿笑而不信，遂止住三军，自飞马远远望之。果见孔明坐于城楼之上，笑容可掬，焚香操琴。左有一童子，手捧宝剑；右有一童子，手执麈尾。城门内外，有二十余百姓，低头洒扫，傍若无人。懿看毕大疑，便到中军，教后军作前军，前军作后军，望北山路而退。次子司马昭曰："莫非诸葛亮无军，故作此态？父亲何故便退兵？"懿曰："亮平生谨慎，不曾弄险。今大开城门，必有埋伏。我兵若进，中其计也。汝辈岂知？宜速退。”于是两路兵尽皆退去。孔明见魏军远去，抚掌而笑。众官无不骇然，乃问孔明曰：“司马懿乃魏之名将，今统十五万精兵到此，见了丞相，便速退去，何也？”孔明曰：“此人料吾生平谨慎，必不弄险；见如此模样，疑有伏兵，所以退去。吾非行险，盖因不得已而用之。此人必引军投山北小路去也。吾已令兴、苞二人在彼等候。”众皆惊服曰：“丞相之机，神鬼莫测。若某等之见，必弃城而走矣。”孔明曰：“吾兵止有二千五百，若弃城而走，必不能远遁。得不为司马懿所擒乎？”后人有诗赞曰：“瑶琴三尺胜雄师，诸葛西城退敌时。十五万人回马处，土人指点到今疑。”言讫，拍手大笑，曰：“吾若为司马懿，必不便退也。”遂下令，教西城百姓，随军入汉中：司马懿必将复来。于是孔明离西城望汉中而走。天水、安定、南安三郡官吏军民，陆续而来。

却说司马懿望武功山小路而走。忽然山坡后喊杀连天，鼓声震地。懿回顾二子曰：“吾若不走，必中诸葛亮之计矣。”只见大路上一军杀来，旗上大书“右护卫使虎翼将军张苞”。魏兵皆弃甲抛戈而走。行不到一程，山谷中喊声震地，鼓角喧天，前面一杆大旗，上书“左护卫使龙骧将军关兴”。山谷应声，不知蜀兵多少；更兼魏军心疑，不敢久停，只得尽弃辎重而去。兴、苞二人皆遵将令，不敢追袭，多得军器粮草而归。司马懿见山谷中皆有蜀兵，不敢出大路，遂回街亭。

2. 刘玄德携民渡江[①]

⊙〔元末明初〕罗贯中

玄德问计于孔明。孔明曰："可速弃樊城，取襄阳暂歇。"玄德曰："奈百姓相随许久，安忍弃之？"孔明曰："可令人遍告百姓：有愿随者同去，不愿者留下。"先使云长往江岸整顿船只，令孙乾、简雍在城中声扬曰："今曹兵将至，孤城不可久守，百姓愿随者，便同过江。"两县之民，齐声大呼曰："我等虽死，亦愿随使君！"即日号泣而行。扶老携幼，将男带女，滚滚渡河，两岸哭声不绝。玄德于船上望见，大恸曰："为吾一人而使百姓遭此大难，吾何生哉！"欲投江而死，左右急救止。闻者莫不痛哭。船到南岸，回顾百姓，有未渡者，望南而哭。玄德急令云长催船渡之，方才上马。

行至襄阳东门，只见城上遍插旌旗，壕边密布鹿角，玄德勒马大叫曰："刘琮贤侄，吾但欲救百姓，并无他念。可快开门。"

① 选自《三国演义》第四十一回"刘玄德携民渡江　赵子龙单骑救主"，题目为编者加。

刘琮闻玄德至，惧而不出。蔡瑁、张允径来敌楼上，叱军士乱箭射下。城外百姓，皆望敌楼而哭。城中忽有一将，引数百人径上城楼，大喝："蔡瑁、张允卖国之贼！刘使君乃仁德之人，今为救民而来投，何得相拒！"众视其人，身长八尺，面如重枣，乃义阳人也，姓魏，名延，字文长。当下魏延抡刀砍死守门将士，开了城门，放下吊桥，大叫："刘皇叔快领兵入城，共杀卖国之贼！"张飞便跃马欲入，玄德急止之曰："休惊百姓！"魏延只管招呼玄德军马入城。只见城内一将飞马引军而出，大喝："魏延无名小卒，安敢造乱！认得我大将文聘么！"魏延大怒，挺枪跃马，便来交战。两下军兵在城边混杀，喊声大震。玄德曰："本欲保民，反害民也！吾不愿入襄阳！"孔明曰："江陵乃荆州要地，不如先取江陵为家。"玄德曰："正合吾心。"于是引着百姓，尽离襄阳大路，望江陵而走。襄阳城中百姓，多有乘乱逃出城来，跟玄德而去。魏延与文聘交战，从巳至未，手下兵卒皆已折尽。延乃拨马而逃，却寻不见玄德，自投长沙太守韩玄去了。

却说玄德同行军民十余万，大小车数千辆，挑担背包者不计其数，路过刘表之墓，玄德率众将拜于墓前，哭告曰："辱弟备无德无才，负兄寄托之重，罪在备一身，与百姓无干。望兄英灵，垂救荆襄之民！"言甚悲切，军民无不下泪。忽哨马报曰："曹操大军已屯樊城，使人收拾船筏，即日渡江赶来也。"众将皆曰："江陵要地，足可拒守。今拥民众数万，日行十余里，似此几时得至江陵？倘曹兵到，如何迎敌？不如暂弃百姓，先行为上。”玄德泣曰：“举大事者必以人为本。今人归我，奈何弃之？”百姓闻玄德此言，莫不伤感。后人有诗赞之曰：“临难仁心存百姓，登舟挥泪动三军。至今凭吊襄江口，父老犹然忆使君。”

却说玄德拥着百姓，缓缓而行。孔明曰：“追兵不久即至。可遣云长往江夏求救于公子刘琦。教他速起兵乘船会于江陵。”玄德从之，即修书令云长同孙乾领五百军往江夏求救；令张飞断后；赵云保护老小；其余俱管顾百姓而行。每日只走十余里便歇。

文翁化俗

出自《汉书》。相传，汉景帝末年，文翁担任蜀郡太守。他发现蜀地民风鄙陋，决心加以诱导。他选拔明达有才能的郡县小吏，亲自诫勉。他还在成都修建官学，招收各县子弟做学生。文翁出外视察常挑选学生同行，让他们以随从官吏的身份传达命令，出入官府。没过几年，大家都争做官学弟子，富人甚至出钱为子弟求得机会，从此蜀地风气大变，读书的人越来越多。

【典意】称颂地方官重视和推广教化，治理有方。

红楼梦呓

中国古代文学经典有很多，而作为一部小说，吸引无数文人学者百年不倦孜孜以求，甚至将对于它的研究打造为一个专门的学科，开中国现代学术研究之先河的，唯有《红楼梦》！它如一出没有始终的大戏，这其间的诸多甘苦，红楼人会一一向你诉说。希望本单元文章能为你打开这座文学宝库的大门，让你的人生更加绚丽多彩！

阅读本单元文章，同学们要借助工具书，精读名著节选内容，学习细腻传神的描摹人物的方法，结合名家对经典的解读，读出自己对这部名著的独特体验。

1. 埋香冢飞燕泣残红①

⊙〔清〕曹雪芹

如今且说林黛玉因夜间失寐，次日起来迟了，闻得众姊妹都在园中作饯花会，恐人笑他痴懒，连忙梳洗了出来。刚到院中，只见宝玉进门来了，笑道："好妹妹，你昨儿可告我了不曾？教我悬了一夜心。"林黛玉便回头叫紫鹃道："把屋子收拾了，撂下一扇纱屉，看那大燕子回来，把帘子放下来，拿狮子倚住，烧了香就把炉罩上。"一面说，一面又往外走。宝玉见他这样，还认作是昨日中晌的事，那知晚间的这段公案，还打恭作揖的。林黛玉正眼也不看，各自出了院门，一直找别的姊妹去了。宝玉心中纳闷，自己猜疑：看起这个光景来，不像是为昨日的事；但只昨日我回来的晚了，又没有见他，再没有冲撞了他的去处了。一面想，一面由不得随后追了来。

只见宝钗、探春正在那边看鹤舞，见黛玉去了，三个一同

① 选自《红楼梦》第二十七回"滴翠亭杨妃戏彩蝶　埋香冢飞燕泣残红"，题目为编者加。

站着说话儿。又见宝玉来了，探春便笑道：“宝哥哥，身上好？我整整的三天没见你了。”宝玉笑道：“妹妹身上好？我前儿还在大嫂子跟前问你呢。”探春道：“宝哥哥，你往这里来，我和你说话。”宝玉听说，便跟了他，离了钗、玉两个，到了一棵石榴树下。探春因说道：“这几天老爷可曾叫你？”宝玉笑道：“没有叫。”探春道：“昨儿我恍惚听见说老爷叫你出去的。”宝玉笑道：“那想是别人听错了，并没叫的。”探春又笑道：“这几个月，我又攒下有十来吊钱了，你还拿了去。明儿出门逛去的时候，或是好字画，好轻巧玩意儿，替我带些来。”宝玉道：“我这么城里城外，大廊小庙的逛，也没见个新奇精致东西，左不过是那些金玉铜瓷，没处撂的古董，再就是绸缎吃食衣服了。”探春道：“谁要这些。怎么像你上回买的那柳枝儿编的小篮子，整竹子根抠的香盒儿，胶泥垛的风炉儿，这就好了。我喜欢的什么似的，谁知他们都爱上了，都当宝贝似的抢了去了。”宝玉笑道：“原来要这个。这不值什么，拿五百钱出去给小子们，管拉一车来。”探春道：“小厮们知道什么。你拣那朴而不俗、直而不拙者，这些东西，你多多的替我带了来。我还像上回的鞋做一双你穿，比那一双还加工夫，如何呢？”

宝玉笑道：“你提起鞋来，我想起个故事。那一回我穿着，可巧遇见了老爷，老爷就不受用，问是谁做的。我那里敢提‘三妹妹’三个字，我就回说是前儿我生日，是舅母给的。老爷听了是舅母给的，才不好说什么，半日还说：‘何苦来！虚耗人力，作践绫罗，做这样的东西。'我回来告诉了袭人。袭人说这还罢了，赵姨娘气的抱怨的了不得：'正经兄弟，鞋搭拉袜搭拉的没人看的见，且做这些东西！'"探春听说，登时沉下脸来道："这话糊涂到什么田地！怎么我是该做鞋的人么！环儿难道没有分例的，没有人的？一般的衣裳是衣裳，鞋袜是鞋袜，丫头老婆一屋子，怎么抱怨这些话！给谁听呢！我不过闲着没事儿，做一双半双，爱给那个哥哥兄弟，随我的心。谁敢管我不成！这也是白气。"宝玉听了，点头笑道："你不知道，他心里自然又有个想头了。"探春听说，益发动了气，将头一扭，说道："连你也糊涂了。他那想头自然是有的，不过是那阴微鄙贱的见识。他只管这么想，我只管认得老爷、太太两个人，别人我一概不管。就是姊妹弟兄跟前，谁和我好，我就和谁好，什么偏的庶的，我也不知道。论理我不该说他，但忒昏愦的不像了。还有笑话呢：就是上回我给你那钱，替我带那玩的东西。过了两天，他见了我，也是说没钱使，怎么难，我也不理论。谁知后来丫头们出去了，他就抱怨起来，说我攒的钱为什么给你使，倒不给环儿使呢。我听见这话，又好笑，又好气，我就出来往太太跟前去了。"正说着，只见宝钗那边笑道："说完了，来罢。显见的是哥哥妹妹了，丢下别人，且说梯己去。我们听一句儿就使不得了！"说着，探春、宝玉二人方笑着来了。

宝玉因不见了林黛玉，便知他躲了别处去了。想了一想，索性迟两日，等他的气消一消再去也罢了。因低头看见许多凤仙石榴等各色落花，锦重重的落了一地，因叹道：“这是他心里生了气，也不收拾这花儿来了。待我送了去，明儿再问着他。”说着，只见宝钗约着他们往外头去。宝玉道：“我就来。”说毕，等他二人去远了，便把那花兜了起来，登山渡水，过树穿花，一直奔了那日同林黛玉葬桃花的去处来。将已到了花冢，犹未转过山坡，只听山坡那边有呜咽之声，一行数落着，哭的好不伤感。宝玉心下想道：“这不知是那房里的丫头受了委屈，跑到这个地方来哭。”一面想，一面煞住脚步，听他哭道是：

花谢花飞花满天，红消香断有谁怜？
游丝软系飘春榭，落絮轻沾扑绣帘。
闺中女儿惜春暮，愁绪满怀无释处，
手把花锄出绣闺，忍踏落花来复去。
柳丝榆荚自芳菲，不管桃飘与李飞。
桃李明年能再发，明年闺中知有谁？
三月香巢已垒成，梁间燕子太无情！
明年花发虽可啄，却不道人去梁空巢也倾。
一年三百六十日，风刀霜剑严相逼，
明媚鲜妍能几时，一朝飘泊难寻觅。
花开易见落难寻，阶前闷杀葬花人，
独倚花锄泪暗洒，洒上空枝见血痕。
杜鹃无语正黄昏，荷锄归去掩重门。
青灯照壁人初睡，冷雨敲窗被未温。

怪奴底事倍伤神，半为怜春半恼春：
怜春忽至恼忽去，至又无言去不闻。
昨宵庭外悲歌发，知是花魂与鸟魂？
花魂鸟魂总难留，鸟自无言花自羞。
愿奴胁下生双翼，随花飞到天尽头。
天尽头，何处有香丘？
未若锦囊收艳骨，一抔净土掩风流。
质本洁来还洁去，强于污淖陷渠沟。
尔今死去侬收葬，未卜侬身何日丧？
侬今葬花人笑痴，他年葬侬知是谁？
试看春残花渐落，便是红颜老死时。
一朝春尽红颜老，花落人亡两不知！

宝玉听了，不觉痴倒。

2.“品味”刘姥姥（节选）

⊙李希凡

曹雪芹在《红楼梦》的创作中，用前五回的篇幅作为小说全部故事情节展开的铺垫和引线。脂砚斋在《红楼梦》第二回的“回前总评”里，曾评论说：“其演说荣国府一篇者，盖因族大人多。若从作者笔下一一叙出，尽一二回不能得明，则成何文字。故借用冷子兴，略出其大半，使阅者心中，已有一荣府隐隐在心，然后用黛玉、宝钗等两三次皴染，则耀然于心中眼中矣。此即画家的三染法也。”从这个意义上讲，第六回的“刘姥姥一进荣国府”也是一次“皴染”。如果说第三回“林黛玉抛父进京都”，是通过“小家碧玉”林黛玉“眼睛”的“皴染”，那这第六回则是通过村妪刘姥姥的更为陌生的“眼睛”，引领读者对这“珠光宝气”的贵族之家的种种再次进行审视。在黛玉眼中，这外祖母家已是与自家和她所知悉的别家不同，但她的“眼睛”毕竟是贵族少女的眼睛，是小贵族见识于大贵族的气派与礼仪，难有强烈的对比。于是，作者又匠心独运地采用所谓“目注此处，却不便写，却去远远处发来”（第六回）的写法，用刘姥姥的“眼睛”进行了又一次的“皴染”。

曹雪芹在书中对此做了特别说明——“按荣府中一宅人合算起来，人口虽不多，从上至下也有三四百丁；虽事不多，一天也有一二十件，竟如乱麻一般，并无个头绪可作纲领。正寻思从那一件事自那一个人写起方妙，恰好忽从千里之外，芥豆之微，小小一个人家，因与荣府略有些瓜葛，这日正往荣府中来，因此便就此一家说来，倒还是头绪。”（第六回）为什么这个芥豆之微的小小一个人家，只与荣府略有些瓜葛，却成了作者写荣国府的一个“头绪”呢？很明显，曹雪芹要通过引进刘姥姥这个人物进一步揭示荣府贵族的生活风貌，或者说通过刘姥姥眼中荣府管家人王凤姐的“勤劳冗杂，骄矜珍贵”的生活，来展现这贵族之家生活的一个侧面。按以后情节的发展，还有二进、三进荣国府，而刘姥姥的每一次出场，对于展开荣国府现实的生活场景和构筑小说艺术情节的结构，显然都具有重要的意义。

刘姥姥来自一个没落的小官僚地主家庭，自己还曾有过几亩薄田。从她给女婿狗儿出谋划策，要去荣府攀亲戚、打抽丰的那些想法，可知她的确见过些世面，或许还在城市中生活过一段时间。据她自己说，曾到金陵王家走动过——“想当初我和女儿还去过一遭。他们家的二小姐（指王夫人）着实响快，会待人，倒不拿大。”由此可知，刘姥姥有着进出贵族府第的生活阅历和经验，有着一般村妪所没有的见识，或许她算得上是乡村中的“能婆子”。但她毕竟是生活在比较贫困的农村家庭，并没有见过贵族生活的“大阵仗儿”。所以，才入凤姐的堂屋，就有眼花缭乱的感觉——“只闻一阵香扑了脸来，竟不辨是何气味，身子如在云端里一般。满屋中之物都耀眼争光的，使人头悬目眩”，看着什么都新鲜，“此时惟点头咂嘴念佛而已”。当刘姥姥听凤姐说到荣国府大有大的难处时，“只当是没有，心里便突突的；后来听见给他二十两，喜的又浑身发痒起来，说道：‘嗳，我也是知道艰难的。但俗语说的：瘦死的骆驼比马大，凭他怎样，你老拔根寒毛比我们的腰还粗呢！’周瑞家的见他说的粗鄙，只管使眼色止他。凤姐看见，笑而不睬。”（第六回）

一句“喜的又浑身发痒起来”，活画出刘姥姥喜出望外的神态和心境，接着的寥寥数语，虽是“粗鄙”的村言，却比喻得十分贴切。我们从她与周瑞家的周旋中，看到了她的庄户人的精明、世故与圆滑；从她见凤姐时的忐忑不安和“忍耻”的应答中，看到她天性中的质朴以及若隐若现的庄户人的心计。当从凤姐房里出来，周瑞家的埋怨她不会说话时，她立刻笑道：“我的嫂子，我见了他，心眼儿里爱还爱不过来，那里还说的上话来呢。”又表现出她的随机应变和会讨人欢喜的本事。在“一进荣国府”的情节里，曹雪芹所描绘的刘姥姥的言谈举止和复杂心态，可谓活灵活现，且真实可信、耐人寻味。

作者把刘姥姥引进荣府的构思是意味深长的。正如“甲戌本”

脂评“回末总评”所说，“一进荣国府一回，曲折顿挫，笔如游龙，且将豪华举止令观者已得大概”。曹雪芹曾有过“锦衣纨绔之时，饫甘厌肥之日”的公子哥生活，家族的败落又使他中年后饱尝贫病落魄之苦，从百年望族的贵公子跌至社会的底层。不寻常的生活经历，使他既有“朱门酒肉臭”的体验，又深知“举家食粥酒常赊”的生活的辛酸。因而，小说通过村妪刘姥姥的观照，很自然地揭示着贫富贵贱的悬殊，概括着作者对贵族骄奢淫逸生活的理性的批判，饱含着作者对普通劳动人民贫困生存状态的深切同情。当然，那字里行间也流露出作者自己“借贷亲疏触眼酸”的痛切感受，及他对往昔“风月繁华之盛”的生活的不无感伤、眷恋的酸楚心绪等多重思想蕴涵。

学习改写

改写是一个再创作的过程，在忠于原作内容的基础上，通过改变文体、语体或叙述角度等，进行“再创作”，以服务于特定的需要。改写可以提高我们的写作能力，帮助我们对原作进行更深入的理解，同时还有助于拓宽我们的想象空间。

在改写前，首先，要领会原文的主题、情节、表达方式等；其次，要明确中心与标题；最后，在改写的过程中融入自己的风格，发挥自己的想象力。不论何种改编，都是一种表达形式的灵活变通与运用，应注意行文的协调，以不损伤原意为前提。

改写《我的叔叔于勒》

⊙王源榕

周日，我们一家人又衣冠整齐地到海边防波堤那边去散步。一艘冒着黑烟的大船缓缓驶入港口，父亲又不假思索地重复他那句永不变更的话：“噢！如果于勒在这只船上，那会叫人多么惊喜啊！”一如既往的一阵沉默。于勒依旧是全家唯一的希望。

一晃三年时间又过去了，叔叔何时回国，依然是一个谜。

好在这期间终于有人看上二姐，我们决定在举行婚礼之前全家到泽西岛上去游玩一次。启程前母亲对父亲说：“这次，我预感会有奇迹发生。”于是我们每个人都穿得极其庄重，这种感觉不亚于要迎接新年的到来。

游船在翡翠般的大海上航行，母亲和父亲走到人山人海的甲板上。一位穿黑色西装的男士格外入眼，母亲不停地上下打量他，不仅仅因为他那块银光闪闪的钻石手表，还因为他的言谈举止非常像于勒叔叔。当他转过身来，“喂，菲利普，你快看呀！”母亲激动且惊喜地喊着父亲的名字，声音有些颤抖，“你看啊！那是不是于勒？”“于勒？”父亲惊讶地张大嘴，“天啊，那是于勒，是我善良的亲弟弟呀！”

我向甲板望去，只见那位男士高高的个子，宽阔的肩膀，穿着雪亮的皮鞋，他那细细的衬衫领上打着一个非常漂亮的白色蝴蝶结，与他那一身纯黑的衣服搭配得十分帅气。他那一头卷曲的金发被阳光照着，仿佛戴着一顶金光闪闪的帽子。“于勒！”于是，母亲和父亲穿过层层包围的人群，拉着我们几个孩子，飞也似的向他那边狂奔而去，母亲的嘴里还不停重复着：“啊，这一定不是梦，我们的生活境地要改变啦！”

父亲紧紧地拥抱着他，激动地说：“于勒弟弟，真的是你，真的是我的亲弟弟于勒吗？”母亲也激动地流着热泪，并连忙接过叔叔手里的皮箱子。“是啊，是我，哥哥！我真的是于勒啊！”“于勒啊，你总算在我们的朝思暮想下回来了。你知道我们全家每一天都在盼望着你的归来。”

随后我们也向他一一问好，“过来，约瑟夫，还有我两个宝贝，快跟于勒叔叔问好！”姐姐的婚事也因于勒叔叔的回归而更加顺利。他为我姐姐准备了一个皮箱，并告诉我们那里面仅仅是他十分之一的家当。这么多年来，那是他在外面闯荡积攒的财富，都是为了等待回家和家人们分享。此后全家人的生活也发生了翻天覆地的变化，我家也住上了全镇最豪华的房子。

不久，全镇的人都在为我们家有这么一个令人尊敬的家人而高兴，全镇的人都来我家庆贺。人们不停地干杯，我总能听见人们虚假的赞美：“来，为你们拥有世界上最令人尊敬的叔叔干杯！”也有邻居跑去和爸爸干杯，说：“啊，我真为你这个有出息的亲弟弟而感到骄傲！”也有妇人和我的妈妈打招呼说：“于勒真是世界上最有良心、最善良的人啊，这么多年努力做生意，一心挣钱就为了你们！”母亲也应和着，那天我才知道，叔叔是在去美洲做生意的时候，认识了很多富商，至少赚了 300 多万法郎，后来又赚了 900 万法郎。听着这些夸张的“天文数字”，邻居们都惊呆了，眼睛睁得特圆，硕大的瞳孔里放射出来的光芒简直比屋里的灯还要明亮。

又过了三年，大西洋的飓风也吹翻过几艘过往的轮船。我的大姐也终于如愿以偿找到了一个品相端庄的丈夫。可是于勒叔叔送给二姐的皮箱钥匙却找不到了。就在这个时候，于勒叔叔突然生病住院，父亲和母亲没日没夜耐心地照顾他，花光了家里的所有积蓄。在病床前，于勒叔叔告诉父亲自己到美洲后的经历，虽然赚了很多钱，但后来都被海盗抢走了。叔叔热泪盈眶地说：“哥哥啊，你知道吗，当初我离开家，赚到钱就一心想回家，我的支票装满了皮箱子，结果，现在只剩下一个皮箱，还有我这块手表，后来我想通过赌博再把钱赚回来，可是，我又把外甥女的嫁妆赌进去了，现在那就是一只空箱子。”听到此处，母亲惊呼，满目怒气地指责道：“你就是想回来拖累我们，你还是那么一个败家子，给你多少你都会散尽，你应该流浪街头。”她的目光像是由千万把刀子组成的，头发梢也跟着起电。她一把夺走叔叔的钻石手表，头也不回地径直离开，父亲也想到他离家之前的生活，紧随其后脸色煞白地走了，他们嘴里叨念着：“这个该死的于勒，又想骗我们的钱，我早就觉得事情很蹊跷，他压根就是一个没有出息的人。”父亲更加沮丧地说道：“明天就把他送回美洲。”“你以后都不要管他。”母亲呵斥着。第二天，父亲和我一起去医院看叔叔，他已经不在那里了。自此，他们再也没有去看过叔叔。

连续几天，我都偷偷地跑去医院，看看那可怜的没人照顾的叔叔会不会出现。果然，我找到了他。于是每周三、周五我都会来医院看望叔叔。我搂着我最亲爱的于勒叔叔，他给我讲在美洲、在大西洋上、在轮船上的见闻。他告诉我，他并没有破产，在父亲、母亲离开后，他把自己原本要给我父母的所有财产都捐给了这所医院。沮丧的时候，怀念亲人的时候，于勒叔叔会突然仰天哭泣：“哈哈哈哈！虚伪，自私，什么日思夜想，一起过日子，我看透他们了，他们只想着我的钱吧！全部都是虚伪。”没了叔叔这个可以依靠的后盾，二姐和二姐夫也不欢而散。

我最后一次去看望叔叔时，叔叔打开了箱子，把里面珍藏着的那只真正的钻石手表赠给我。

而今，在叔叔的葬礼上，我把故事讲给父母听，此时此刻，父母的眼睛瞪得又大又圆，眼神里面已不是惊喜，而是充斥着惊慌，那扭曲的脸庞上，也只剩下后悔这个表情了。

周日，他俩依然会穿戴整齐地到海边防波堤那里散步，依然会看见一艘冒着黑烟的大船缓缓驶入港口，只是父亲总是欲言又止。

整本书阅读

聊斋志异

⊙〔清〕蒲松龄

阅读导航

《聊斋志异》是一部文言短篇小说集，共有短篇小说近500篇。该书以花妖狐魅的幻想故事来反映现实生活，寄托了作者的理想。其内容大致有四类：一是才子佳人式的爱情故事。这类故事在《聊斋志异》里为数最多，也是最能引起读者兴趣的，如《婴宁》《青凤》《连琐》等。二是人与人或非人之间的友情故事，如《叶生》《田七郎》等。三是不满黑暗社会现实的反抗故事。这类故事虽然多写鬼怪狐妖，但实际上是借此来反映广阔的社会内容。四是讽刺不良品行的道德训诫故事。如《崂山道士》《画皮》等。此类故事教育训诫的意味很浓，但是总体看来却不流于僵化的说教，而是寓庄于谐，发人深省。

精彩选篇

狮　子

暹逻[1]国贡狮，每止处，观者如堵。其形状与世所传绣画者迥异，毛黑黄色，长数寸。或投以鸡，先以爪抟而吹之。一吹，则毛尽落如扫，亦理之奇也。

山　神

益都[2]李会斗，偶山行，值数人籍地[3]饮。见李至，欢然并起，曳入坐，竞觞之[4]。视其柈馔[5]，杂陈珍错[6]。移时，饮甚欢；但酒味薄涩[7]。

忽遥有一人来，面狭长，可二三尺许；冠之高细称是[8]。众惊曰："山神至矣！"即都纷纷四去。李亦伏匿坎窞[9]中。既而

---

① 暹（xiān）逻：即"暹罗"，泰国的古称。原分暹与罗斛两国，十四世纪中叶，两国合并，称暹罗国。

② 益都：县名，即今山东省青州市。

③ 籍地：坐在地上。籍，通"藉"。

④ 觞之：向他敬酒。

⑤ 柈（pán）馔：盘里的菜肴。柈，盘子。

⑥ 珍错：山珍海错，山野和海洋里所产的珍馐美味。错，海错，犹海味。

⑦ 薄涩：淡薄而苦涩。

⑧ 称是：与此相称。

⑨ 坎窞（dàn）：深坑。

起视，则肴酒一无所有，惟有破陶器贮溲浡[1]，瓦片上盛蜥蜴数枚而已。

蛙曲

王子巽言：“在都时，曾见一人作剧[2]于市。携木盒作格，凡[3]十有二孔；每孔伏蛙。以细杖敲其首，辄哇然作鸣。或与金钱，则乱击蛙顶，如拊云锣[4]之乐，宫商词曲[5]，了了[6]可辨。”

富翁

富翁某，商贾多贷其资。一日出，有少年从马后，问之，亦假本[7]者。翁诺之。既至家[8]，适[9]几上有钱数十，少年即以手叠钱，高下堆垒之。翁谢去，竟不与资。或问故，翁曰：“此人必善博，非端人[10]也。所熟之技，不觉形于手足矣。”访之果然。

---

① 溲浡（sōu bó）：小便。

② 作剧：玩杂耍。

③ 凡：总计。

④ 拊云锣：敲击云锣。拊，敲击。云锣，一种敲击乐器。

⑤ 宫商词曲：谓词曲习用的声调。宫、商，代指音乐声调。

⑥ 了了：清晰。

⑦ 假本：借本钱。

⑧ 既至家：此从二十四卷抄本，底本无“家”字。

⑨ 适：恰遇，凑巧。

⑩ 端人：正派人，规矩人。

译文

狮 子

暹罗国来进贡狮子，每停到一处，就吸引很多人来围观。这狮子的形状和世间流传的刺绣画上的大不一样，它的毛是黑黄色，长约数寸。有的人扔给狮子一只鸡，它先用爪子抟弄后再用嘴吹。一吹，那鸡毛就全都掉光，像被扫尽了一样，这也是奇怪的现象。

山 神

益都县的李会斗，偶然到山上去，遇到几个人坐在地上饮酒。他们见李会斗来到，都很高兴地嚷着站起来，把李会斗拉入座内，竞相向他敬酒。看那些盘子里的菜肴，陈列着很多珍馐美味。过了一会儿，大家喝得非常高兴；只是酒味太淡而且苦涩。

忽然远远地来了一个人，脸又窄又长，大约有二三尺的样子，帽子的高矮粗细和脸孔很相称。众人惊慌地说："山神来了！"立即纷纷四散。李生也伏身藏匿在深坑中。过了不久起来一看，菜肴和酒全没了，只有破陶器中积存的尿液，还有瓦片上盛着的几条蜥蜴罢了。

蛙 曲

王子巽说："在京城时，曾见到一个人在街市上演杂耍。他带着一个木盒子，里面做了许多格子，共有十二个孔，每个孔格里都趴伏着一只青蛙。演杂耍的用细棒敲青蛙的头，青蛙就呱呱鸣叫。若有人给他钱，他就乱敲青蛙的头顶，如同敲击云锣奏出的乐声，五音曲调，一一可辨，听得清清楚楚。"

富 翁

有个富翁，很多买卖人向他借钱。这天富翁出门，一个少年跟在他的马后面，富翁问少年干什么，少年说想借本钱，富翁答应了。到了家，正巧桌上有几十枚钱，少年就很熟练地将钱一摞摞地垒来垒去。富翁不借给他钱，客气地送走了他。有人问为什么，他说："这人一定善于赌博，不是正派人。他那套赌钱的本事，无意间就在手上很充分地暴露了。"一打听，还真是这样。

阅读规划

时间	阅读安排	记录	备注
9.1—9.20	阅读 1—100 篇		
9.21—9.30	阅读成果交流展示		
10.1—10.20	阅读 101—200 篇		
10.21—10.31	阅读成果交流展示		
11.1—11.20	阅读 201—300 篇		
11.21—11.30	阅读成果交流展示		
12.1—12.20	阅读 301—400 篇		
12.21—12.31	阅读成果交流展示		
1.1—1.20	阅读 401—491 篇		
1.21—1.31	阅读成果交流展示		

交流平台

1.《聊斋志异》是一本“孤愤之书”。郭沫若评价说：“写鬼写妖高人一等，刺贪刺虐入骨三分。”请你在精彩选篇中选取一则文章，深入阅读，体会故事背后更深的现实意义。

2. 观看根据《聊斋志异》改编的经典影视剧，如《画皮》《倩女幽魂》等，再对照原著，欣赏体会编剧艺术。

水浒传

⊙〔元末明初〕施耐庵

阅读导航

古人说：老不看“三国”，少不看“水浒”。古人为什么这样想？“水浒”里到底有什么？只要读了《水浒传》这部书，你一定能找到答案。

《水浒传》是一部奇书，它不仅奇在为“草莽英雄”树碑立传，渲染他们豪侠仗义、除暴安良的英雄壮举；奇在塑造了一大批栩栩如生的人物形象，注重表现他们之间的共性和个性；还奇在采用先分后合的链式结构，情节环环相扣，线索分明。

早期的白话小说，是在几百年民间创作的基础上进一步加工完成的，有着明显的“说书人”痕迹，具有英雄传奇的色彩。如《水浒传》中每一章回的篇幅长短都差不多；每回开头都有至少一首诗或词；每回正文通常以“话说”开头；每回结尾总要设计一个悬念；等等。我们在阅读的过程中，在感受人物精神的同时，还要思考我国古典小说的表现形式及发展由来。

精彩选篇

景阳冈武松打虎[①]

酒家赶出来叫道："客官那里去？"武松立住了，问道："叫我做甚么？我又不少你酒钱，唤我怎地？"酒家叫道："我是好意。你且回来我家，看官司榜文。"武松道："甚么榜文？"酒家道："如今前面景阳冈上，有只吊睛白额大虫，晚了出来伤人，坏了三二十条大汉性命。官司如今杖限打猎捕户，擒捉发落。冈子路口两边人民，都有榜文：可教往来客人，结伙成队，于巳、午、未三个时辰过冈，其余寅、卯、申、酉、戌、亥六个时辰，不许过冈。更兼单身客人，不许白日过冈，务要等伴结伙而过。这早晚正是未末申初时分，我见你走都不问人，枉送了自家性命。不如就我此间歇了，等明日慢慢凑的三二十人，一齐好过冈子。"武松听了，笑道："我是清河县人氏，这条景阳冈上少也走过了一二十遭，几时见说有大虫？你休说这般话来吓我。便有大虫，我也不怕！"酒家道："我是好意救你，你不信我时，进来看官司榜文。"武松道："真个有虎，老爷也不怕！你留我在家里歇，莫不半夜三更，要谋我财，害我性命，却把大虫唬吓我？"酒家道："你看么！我是一片好心，反做恶意，倒落得你恁地说！你不信我时，请尊便自行！"正是：

---

①选自《水浒传》第二十三回"横海郡柴进留宾　景阳冈武松打虎"，有删改。

前车倒了千千辆，后车过了亦如然。

分明指与平川路，却把忠言当恶言。

那酒店里主人摇着头，自进店里去了。这武松提了梢棒，大着步，自过景阳冈来。约行了四五里路，来到冈子下，见一大树，刮去了皮，一片白，上写两行字。武松也颇识几字，抬头看时，上面写道：

近因景阳冈大虫伤人，但有过往客商，可于巳、午、未三个时辰，结伙成队过冈，请勿自误。

武松看了，笑道："这是酒家诡诈，惊吓那等客人，便去那厮家里宿歇。我却怕甚么！"横拖着梢棒，便上冈子来。

那时已有申牌时分，这轮红日厌厌地相傍下山。武松乘着酒兴，只管走上冈子来。走不到半里多路，见一个败落的山神庙。行到庙前，见这庙门上贴着一张印信榜文。武松住了脚读时，上面写道：

阳谷县示：为这景阳冈上，新有一只大虫，近来伤害人命。见今杖限各乡里正并猎户人等，行捕未获。如有过往客商人等，可于巳、午、未三个时辰，结伴过冈；其余时分及单身客人，白日不许过冈，恐被伤害性命不便。各宜知悉。

武松读了印信榜文，方知端的有虎。欲待发步再回酒店里来，寻思道："我回去时，须吃他耻笑，不是好汉，难以转去。"存想了一回，说道："怕甚么！且只顾上去，看怎地！"

武松正走，看看酒涌上来，便把毡笠儿背在脊梁上，将梢棒缩在肋下，一步步上那冈子来。回头看这日色时，渐渐地坠下去了。此时正是十月间天气，日短夜长，容易得晚。武松自言自说道："那得甚么大虫？人自怕了，不敢上山。"武松走了一直，酒力发作，焦热起来。一只手提着梢棒，一只手把胸膛前袒开，踉踉跄跄，直奔过乱树林来。见一块光挞挞大青石，把那梢棒倚在一边，放翻身体，却待要睡，只见发起一阵狂风来。看那风时，但见：

无形无影透人怀，四季能吹万物开。

就树撮将黄叶去，入山推出白云来。

原来但凡世上云生从龙，风生从虎。那一阵风过处，只听得乱树背后扑地一声响，跳出一只吊睛白额大虫来。武松见了，叫声："呵呀！"从青石上翻将下来，便拿那条梢棒在手里，闪在青石边。那个大虫又饥又渴，把两只爪在地下略按一按，和身望上一扑，从半空里撺将下来。武松被那一惊，酒都做冷汗出了。说时迟，那时快，武松见大虫扑来，只一闪，闪在大虫背后。那大虫背后看人最难，便把前爪搭在地下，把腰胯一掀，掀将起来。武松只一躲，躲在一边。大虫见掀他不着，吼一声，却似半天里起个霹雳，振得那山冈也动，把这铁棒也似虎尾倒竖起来，只一剪。武松却又闪在一边。原来那大虫拿人，只是一扑，一掀，一剪；三般提不着时，气性先自没了一半。那大虫又剪不着，再吼了一声，一兜兜将回来。武松见那大虫复翻身回来，双手抡起梢棒，尽平生气力，只一棒，从半空劈将下来。只听得一声响，簌簌地将那树连枝带叶劈脸打将下来。定睛看时，一棒劈不着大虫。原来慌了，正打在枯树上，把那条梢棒折做两截，只拿得一半在手里。

那大虫咆哮，性发起来，翻身又只一扑，扑将来。武松又只一跳，却退了十步远。那大虫恰好把两只前爪搭在武松面前。武松将半截棒丢在一边，两只手就势把大虫顶花皮肐膌地揪住，一按按将下来。那只大虫急要挣扎，早没了气力，被武松尽气力纳定，那里肯放半点儿松宽？武松把只脚望大虫面门上、眼睛里只顾乱踢。那大虫咆哮起来，把身底下爬起两堆黄泥，做了一个土坑。武松把那大虫嘴直按下黄泥坑里去，那大虫吃武松奈何得没了些气力。武松把左手紧紧地揪住顶花皮，偷出右手来，提起铁锤般大小拳头，尽平生之力，只顾打。打到五七十拳，那大虫眼里、口里、鼻子里、耳朵里都迸出鲜血来。那武松尽平昔神威，仗胸中武艺，半歇儿把大虫打做一堆，却似躺着一个锦布袋。

当下景阳冈上那只猛虎，被武松没顿饭之间，一顿拳脚打得那大虫动弹不得，使得口里兀自气喘。武松放了手，来松树边寻那打折的棒橛，拿在手里；只怕大虫不死，把棒橛又打了一回。那大虫气都没了。武松再寻思道："我就地拖得这死大虫下冈子去。"就血泊里双手来提时，那里提得动，原来使尽了气力，手脚都疏软了，动弹不得。

武松再来青石坐了半歇，寻思道："天色看看黑了，倘或又跳出一只大虫来时，我却怎地斗得他过？且挣扎下冈子去，明早却来理会。"就石头边寻了毡笠儿，转过乱树林边，一步步捱下冈子来。走不到半里多路，只见枯草丛中钻出两只大虫来。武松道："呵呀！我今番死也！性命罢了！"只见那两个大虫，于黑影里直立起来。武松定睛看时，却是两个人，那两个人手里各拿着一条五股叉，见了武松，吃一惊道："如何敢独自一个，昏黑将夜，又没器械，走过冈子来！不知你是人是鬼？"武松道："你两个是甚么人？"那个人道："我们是本处猎户。"武松道："你们上岭来做甚么？"两个猎户失惊道："你兀自不知哩！如今景阳冈上，有一只极大的大虫，夜夜出来伤人。只我们猎户，也折了七八个；过往客人，不记其数，都被这畜生吃了。本县知县着落当乡里正和我们猎户人等捕捉。那业畜势大难近，谁敢向前！我们为他，正不知吃了多少限棒，只捉他不得！今夜又该我们两个捕猎，和十数个乡夫在此，上上下下放了窝弓药箭等他。正在这里埋伏，却见你大剌剌地从冈子上走将下来，我两个吃了一惊。你却正是甚人？曾见大虫么？"武松道："我是清河县人氏，姓武，排行第二。却才冈子上乱树林边，正撞见那大虫，被我一顿拳脚打死了。"两个猎户听得痴呆了，说道："怕没这话！"武松道："你不信时，只看我身上兀自有血迹。"两个道："怎地打来？"武松把那打大虫的本事，再说了一遍。两个猎户听了，又惊又喜，叫拢那十个乡夫来。

只见这十个乡夫都拿着钢叉、踏弩、刀枪，随即拢来。武松问道："他们众人，如何不随着你两个上山？"猎户道："便是那畜生利害，他们如何敢上来？"一伙十数个人，都在面前。两个猎户把武松打杀大虫的事，说向众人，众人都不肯信。武松道：

“你众人不肯信时，我和你去看便了。”众人身边都有火刀、火石，随即发出火来，点起五七个火把。众人都跟着武松，一同再上冈子来，看见那大虫做一堆儿死在那里。众人见了大喜，先叫一个去报知本县里正，并该管上户。这里五七个乡夫，自把大虫缚了，抬下冈子来。

到得岭下，早有七八十人，都哄将来，先把死大虫抬在前面，将一乘兜轿，抬了武松，径投本处一个上户家来。那上户、里正，都在庄前迎接，把这大虫抬到草厅上。却有本乡上户、本乡猎户三二十人，都来相探武松。众人问道：“壮士高姓大名？贵乡何处？”武松道：“小人是此间邻郡清河县人氏，姓武名松，排行第二。因从沧州回乡来，昨晚在冈子那边酒店吃得大醉了，上冈子来，正撞见这畜生。”把那打虎的身分拳脚细说了一遍。众上户道：“真乃英雄好汉！”众猎户先把饭菜将来与武松把杯。武松因打大虫困乏了，要睡，大户便叫庄客打并客房，且教武松歇息。

到天明，上户先使人去县里报知，一面合具虎床，安排端正，迎送县里去。天明，武松起来洗漱罢，众多上户牵一腔羊，挑一担酒，都在厅前伺候。武松穿了衣裳，整顿巾帻，出到前面，与众人相见。众上户把盏说道：“被这个畜生，正不知害了多少人性命，连累猎户吃了几顿限棒。今日幸得壮士来到，除了这个大害。第一，乡中人民有福；第二，客侣通行，实出壮士之赐！”武松谢道：“非小子之能，托赖众长上福荫。”众人都来作贺。吃了一早晨酒食，抬出大虫，放在虎床上。众乡村上户，都把缎匹花红来挂与武松。武松有些行李包裹，寄在庄上。一齐都出庄门前来。早有阳谷县知县相公，使人来接武松。都相见了，叫四个庄客，将乘凉轿来抬了武松。把那大虫扛在前面，挂着花红缎匹，迎到阳谷县里来。

那阳谷县人民，听得说一个壮士打死了景阳冈上大虫，迎喝将来，尽皆出来看，哄动了那个县治。武松在轿上看时，只见压肩叠背，闹闹穰穰，屯街塞巷，都来看迎大虫。到县前衙门口，知县已在厅上专等。武松下了轿，扛着大虫，都到厅前，放在甬道上。知县看了武松这般模样，又见了这个老大锦毛大虫，心中自忖道："不是这个汉，怎地打的这个猛虎！"便唤武松上厅来。武松去厅前声了喏，知县问道："你那打虎的壮士，你却说怎生打了这个大虫。"武松就厅前，将打虎的本事，说了一遍。厅上厅下众多人等都惊的呆了，知县就厅上赐了几杯酒，将出上户凑的赏赐钱一千贯，赏赐与武松。武松禀道："小人托赖相公的福荫，偶然侥幸，打死了这个大虫，非小人之能，如何敢受赏赐？小人闻知这众猎户，因这个大虫，受了相公责罚，何不就把这一千贯给散与众人去用？"知县道："既是如此，任从壮士。"武松就把这赏钱，在厅上散与众人猎户。

知县见他忠厚仁德，有心要抬举他，便道："虽你原是清河县人氏，与我这阳谷县只在咫尺。我今日就参你在本县做个都头，如何？"武松跪谢道："若蒙恩相抬举，小人终身受赐。"知县随即唤押司立了文案，当日便参武松做了步兵都头。众上户都来与武松作贺庆喜，连连吃了三五日酒。武松自心中想道：“我本要回清河县去看望哥哥，谁想倒来做了阳谷县都头。”自此上官见爱，乡里闻名。

阅读规划

《水浒传》描写了许多栩栩如生的英雄好汉。建议同学们按自己的阅读规划，用 7 周时间完成整本书的阅读。阅读时注意将精彩情节、阅读心得写在下面的表格中。何时进行阅读，每天阅读量是多少，可以因人而异，只要合理安排、切实可行即可。

阅读章节	精彩情节梳理	阅读心得

交流平台

读完了《水浒传》，语文老师要在全班开展一次阅读展示活动。在活动开展之前，语文老师给同学们布置了任务：就你喜欢的“一百单八将”中的“一将”或“几将”，讲一讲他们的故事，说一说他们的性情，评一评他们的结局，并进行“读水浒”明星评比。

敬启

为编好这本书，我们与收入本书的作品（含图片）作者进行了广泛联系，得到了各位作者的大力支持。在此，我们表示衷心的感谢。但是，由于个别作者地址不详，虽经多方努力，仍无法取得联系。敬请各位有著作权的作者尽快与我们联系，以便我们支付稿酬，并致谢忱！

我们还要感谢使用本书的师生们。希望你们在使用本书的过程中，能够及时把意见和建议反馈给我们，对此，我们深表谢意，并将给予一定奖励。让我们携起手来，共同完成本书的建设工作。

联 系 人：梁老师　张老师

联系电话：010-58022100

联系邮箱：ztxx2008@sina.com

网　　址：http://www.ywztxx.com

地　　址：北京市海淀区知春路7号致真大厦A座18层

图书在版编目（CIP）数据

经典中漫步 / 徐名印主编. — 上海 : 上海教育出版社, 2021.6

ISBN 978-7-5720-0819-1

Ⅰ. ①经… Ⅱ. ①徐… Ⅲ. ①阅读课—初中—教学参考资料 Ⅳ. ①G634.333

中国版本图书馆CIP数据核字（2021）第142049号

责任编辑　张嘉恒　李光卫
封面设计　陈丽娟　王艺霖
著作权人　北京华樾教育科技有限公司

经典中漫步

徐名印　主编

出版发行　上海教育出版社有限公司
官　　网　www.seph.com.cn
地　　址　上海市永福路 123 号
邮　　编　200031
印　　刷　阳谷毕升印务有限公司
开　　本　720 × 1010　1/16　印张 66
字　　数　900千字
版　　次　2021年8月第1版
印　　次　2021年8月第1次印刷
书　　号　ISBN 978-7-5720-0819-1/G · 0635
定　　价　268.00元

如发现质量问题，请向本社调换　　电话 021-64377165